KU-547-578

LE RAPPORT DE LA CIA

Ce rapport est issu du site Internet de la CIA
et il fait partie d'un document
du « National Intelligence Council »

PRÉSENTÉ PAR ALEXANDRE ADLER

LE RAPPORT DE LA CIA

Comment sera le monde en 2020 ?

traduit de l'américain
par Johan-Frédérik Hel Guedj

ROBERT LAFFONT

ISBN 2-221-10530-3

Vers une mondialisation plus malheureuse

par Alexandre Adler

Il vaut mieux ne pas croire aveuglément Michael Moore : l'actuelle classe dirigeante des États-Unis n'est pas composée de brutes analphabètes incapables de saisir les complexités du monde, engluées dans leurs préjugés historiques, depuis la guerre de Sécession jusqu'à la Guerre froide, en passant par le rejet de la théorie darwinienne de l'évolution.

Ce texte dense, articulé et subtil, que l'on va lire nous provient très directement du National Intelligence Council. C'est-à-dire d'un organisme consultatif formé essentiellement de diplomates, d'officiers du renseignement issus de la CIA pour la plupart, et de militaires, qui a pour but de faciliter les synthèses et de promouvoir les recherches fondamentales en matière de renseignement. Comme le comité éditorial d'un journal ou d'une revue, le NIC ne travaille pas sur les opérations, le court terme, mais bien plutôt sur les perspectives de longue portée, ainsi que sur la diffusion des analyses qui font consensus, au sein de la CIA principalement. Mais aussi en direction des sommets de l'Exécutif (présidence), vers les principaux ministères et le Département d'État, qui possède ses propres organismes de recherche et d'évaluation.

Mais il est rare qu'un organisme, inséré dans le travail pratique de l'État fédéral, se livre, ainsi qu'on va le voir, à un examen en profondeur des grandes tendances du monde de demain. L'exercice auquel nous allons assister au fil des pages qui vont suivre revêt par conséquent une importance tout à fait exceptionnelle.

Ce n'est pas d'aujourd'hui que l'Amérique s'efforce de comprendre le monde. En somme, l'Amérique n'a jamais cessé de penser le temps. Non celui, élégiaque et mélancolique, qui constitue la texture de la mémoire européenne, mais celui, fécond et connaissable, qui scande l'ambition nullement remise en cause de bâtir le futur, de le maîtriser et de réaliser toutes les potentialités d'une société encore jeune.

Ainsi, la formulation du panaméricanisme par le cinquième président, James Monroe, au lendemain des guerres napoléoniennes et au début de l'émancipation des colonies espagnoles, peut tout à fait être lue comme un texte de circonstance. Pourtant, il y a dans la doctrine de Monroe une projection et une hauteur de vue qu'on ne trouve pas au même degré d'abstraction constructive chez les contemporains européens, dont le savoir et l'expérience diplomatiques demeuraient alors incomparables. Dès 1820, l'Amérique annonçait la situation de 1900, où elle s'avérerait suffisamment forte, sur terre et sur mer, pour interdire aux puissances extérieures de s'immiscer dans les affaires du Nouveau Continent. Or, en 1820, malgré l'excellence de sa marine de guerre, l'Amérique n'avait aucun moyen militaire, même indirect, de faire prévaloir sa volonté jusqu'à l'isthme de Panamá. Pour ne pas parler de la lointaine Terre de Feu, bien plus importante qu'actuellement en l'absence de tout canal centre-américain.

On incrimine à juste titre l'idéalisme parfois naïf du président Woodrow Wilson, et dans l'opposition à son projet de Société des Nations, l'isolationnisme boutiquier de l'Amérique profonde. Leur combinaison conduit à la paralysie apparente de la diplomatie américaine après 1918. Après avoir compliqué la vie des alliés européens, l'Amérique les abandonnait sans phrases. Il y a du vrai dans cette vignette, aggravée en France par les critiques maurrassiens à la Gaxotte, dont la haine stupide vis-à-vis de l'Allemagne et l'inanité des conceptions géopolitiques étaient en réalité pire encore que l'aboulie constatée de la fin de la présidence Wilson aux États-Unis. Pourtant, dès ce moment, avec une maladresse qui trahit le néophyte, la classe dirigeante américaine manifeste, à défaut d'un système politique mal adapté à son nouveau rôle mondial, une lucidité supérieure à celle de ses alliés européens. Tandis que la France s'enfonce dans une politique de double hostilité à l'Allemagne de Weimar et à la Russie soviétique, politique incompatible avec ses moyens réduits, l'Angleterre au contraire ne songe qu'à prendre le large et à encourager discrètement le nationalisme allemand contre la France. L'Angleterre aggrave encore son cas en encourageant la politique prédatrice de la nouvelle puissance japonaise en Asie, jetant ainsi tout bon patriote chinois dans les bras du communisme soviétique, seul à défendre l'intégrité future de la Chine.

On notera dès lors que le jeune élève américain mise à ce moment-là sur une réconciliation durable en Europe continentale des deux puissances principales (la France et l'Allemagne). Les plans Dawes et Young aboutiront plus tard à un mécanisme circulaire de paiement des réparations allemandes, facilité par d'importants investissements d'outre-Atlantique en Europe centrale qui dynamiseront la croissance allemande et par le paiement de la dette française envers les États-Unis au moyen des contributions d'outre-Rhin. Auparavant, les États-Unis avaient réussi en 1922, pendant la Conférence navale de Washington, à réunir la coalition la plus large, pour que le Japon lâche prise et pour contenir son expansion régionale, allant même jusqu'à surmonter son véhément anticommunisme afin de rétablir la Russie pourtant soviétique, à Vladivostok, sur l'océan Pacifique. Décidément, l'Amérique, dès ces époques lointaines, n'était en rien ce géant aboulique qui, tel l'Orion aveugle de Poussin, qui fascina tant Claude Simon, avance sans percevoir l'horizon, tandis qu'un petit personnage juché sur ses épaules dirige sa marche à son insu. On connaît cette théorie du « malin génie », propre à la stratégie américaine, qui dénie toute autonomie à la pensée d'outre-Atlantique. Il n'y aurait donc eu qu'instrumentation du pauvre géant américain par les milieux financiers britanniques dont Wall Street était une agence de province, selon les nationalistes allemands des années 1920. Puis encore, une autre instrumentation par les nombreux sympathisants soviéto-communistes qui avaient su circonvenir les naïfs autour de Franklin Roosevelt dans les années 1930.

Ce sont ces théories successives, d'où l'antisémitisme n'est jamais absent, qui ont aveuglé les bons et les mauvais esprits européens, quand étaient vouées aux gémonies la ploutocratie anglophile puis l'intelligentsia soviétique, et pour finir l'État d'Israël intrinsèquement belliqueux pour s'expliquer à peu de frais les tournants de la politique étrangère américaine. Certes l'Amérique des années 1930 n'a pas eu le ressort et l'esprit de se conformer à ses intuitions justes de la période 1915-1925, l'Amérique de 1950 et 1960 a peu à peu oublié le principe du « containment » (endiguement) de la puissance soviétique au profit de conceptions supposées plus dynamiques et plus idéologiques qui conduiront droit au piège vietnamien, et l'Amérique aujourd'hui tourne le dos de temps à autre à la nécessité de bâtir et d'entretenir la coalition antiterroriste la plus vaste en s'engageant dans de vaines polémiques avec la Chine, la Russie ou la France ; mais toutes ces forces historiques de frottement n'empêchent pas le constat d'une lucidité essentielle de la diplomatie américaine en deux siècles de fonctionnement.

« *E pur si muove.* » Et pourtant elle tourne.

J'ai indiqué ailleurs[1] que l'une des raisons possibles de cette paradoxale réussite tient à l'emploi massif d'universitaires très compétents. Henry Kissinger, venu de Harvard, et Condie Rice de Stanford en sont deux excellents exemples. Des universitaires donc plutôt que de hauts fonctionnaires trop liés par un esprit de corps naturellement conservateur. Mais je pense aussi qu'il faut aller plus loin et invoquer cette distance puritaine du Nouveau Monde qui constitue la sagesse de la nation américaine. Cette dernière est le legs des révolutions démocratiques européennes, accumulé sur deux siècles et dont la plupart ont terminé leur course outre-Atlantique. Révolution démocratique des Pays-Bas des XVIe et XVIIe siècles qui introduit la liberté de conscience et le rejet de l'Inquisition comme des galions espagnols, révolution calviniste de l'Angleterre de Cromwell, dont la méfiance innée à l'égard du pouvoir souverain ressurgit

1. *L'Odyssée américaine*, Paris, Grasset, 2004.

en pleine lumière pendant la guerre d'Indépendance avec la doctrine de Jefferson, révolution démocratique avortée de l'Allemagne rhénane de 1849 qui s'exile au cœur du Middle West à Chicago et y réinvente la démocratie industrielle moderne, révolution une fois encore manquée de l'Allemagne de Weimar qui expulse vers le Nouveau Continent la sociologie de Max Weber, la psychanalyse de Freud et pour finir non seulement les idées mais aussi la personne d'Albert Einstein, avec les conséquences stratégiques que l'on sait.

Voilà pourquoi il nous faut examiner sans passion ni préjugés cette « cartographie du futur » que nous présente à titre d'exercice, parfois ludique, le National Intelligence Council. Il s'agit, malgré les simulations formelles, d'une réflexion globale sur les quinze prochaines années. Nous n'en avons pas l'équivalent aujourd'hui en Europe.

Allons tout de suite à l'essentiel : la méthode des scénarios alternatifs. Elle comporte à l'évidence un inconvénient majeur : celui de caricaturer une réalité complexe pour la faire rentrer dans un schéma trop contraignant, en chassant certaines objections évidentes. Mais elle a l'avantage de démonter, comme pour un moteur, les rouages du raisonnement principal. En imaginant les conséquences extrêmes des quatre principaux scénarios envisagés (*Pax americana*, *Le monde selon Davos*, *Un nouveau califat*, *Le cycle de la peur*), elle nous fait saisir les éléments singuliers de ces récits qui, détachés ensuite de leur structure initiale, constitueront la trame du récit final sur lequel les auteurs s'engagent. Dans leur extrémisme apparent, les quatre scénarios ne sont que les serres où l'on fait pousser certains concepts fondamentaux, pour les réimplanter dans la phase finale au cœur d'un modèle qu'on voudra sans cesse plus proche de la réalité. Le jeu en vaut la chandelle.

Le rapport comporte aussi quelques grains de sel. Les premiers scénarios sont en effet la caricature poussée à l'extrême des stratégies originelles de George W. Bush (*Pax americana*) et de Bill Clinton (Davos). Le troisième (*Un nouveau califat*) nous fait pénétrer dans le cerveau fécond mais malade de Ben Laden et le quatrième (*Le cycle de la peur*) est une sorte de réponse en forme de fable aux conceptions françaises de la multipolarité chères à Hubert Védrine autant qu'à Dominique de Villepin. Même si l'on demeure critique à l'endroit de cette rhétorique qui a un lien avec l'invasion de l'ordinateur dans nos vies, nous proposons dans un premier temps de nous y soumettre, ne serait-ce que pour mieux comprendre où nos auteurs veulent nous amener.

Prenons donc, comme en mathématiques, les deux positions limites (maxima et minima) qui nous permettront de mieux analyser le monde intermédiaire dans lequel nous avons toutes les chances de retomber à terme.

Maxima : la *Pax americana.* Nous la comprenons d'autant mieux que, d'une certaine manière, nous sortons d'en prendre. Son déploiement s'est achevé le 11 Septembre 2001. Depuis la faillite du projet gorbatchévien de démocratisation sans rupture de l'empire soviétique, les États-Unis ont fait la course en tête dans tous les domaines, économique, technologique, financier et militaire (seule la culture demeurant un point faible, malgré et aussi à cause d'Hollywood), tandis que les autres pôles de puissance qui avaient encaissé l'essentiel du bouleversement de la fin des années 1980 rentraient sous leur tente, obérés par l'ampleur de leurs problèmes internes. La crise allemande, combinée à des critères de convergence économique très stricts pour l'instauration de la monnaie unique, entraînait toute l'Europe dans une prostration déflationniste dont même la victoire finale de l'adoption de l'euro par une douzaine d'États européens n'aura pas suffi à relancer la machine de la croissance. L'Angleterre, en partie suivie par les pays nordiques, en profitait pour reprendre sa place au milieu de l'Atlantique et poursuivre sa croissance indépendamment de ses associés européens.

La nouvelle Russie demeurait trop faible et ses voisins trop divisés, trop batailleurs pour reconstituer une assise territoriale stable au renouveau de sa puissance. Alors que son potentiel militaire se liquéfiait, la guerre de sécession yougoslave entre catholiques croates, orthodoxes serbes et musulmans bosniaques, accentuait très fortement l'isolement de Moscou. En particulier les deux puissances émergentes aux frontières (la Pologne catholique et la Turquie musulmane), qui sont des pays indispensables pour le retour de la Russie sur la scène mondiale, devenaient rapidement les alliés régionaux les plus sûrs des États-Unis. Comme contrecoup, une Ukraine philo-polonaise et un Azerbaïdjan turquifié, alliés à l'irrédentisme géorgien, portaient la contradiction au cœur de l'Union soviétique historique. Plus grave, deux abcès de fixation intensément russophobes, l'un pacifique mais chafouin en Lettonie et en Estonie, l'autre sanglant au Caucase Nord, parachevaient l'immobilisation du grand corps malade de la sainte Russie pour quelques années encore.

Si la Chine s'est remise assez vite de Tian'an-men grâce à la stratégie d'hypercroissance que revendiqua fièrement Deng Xiaoping face à ses contradicteurs communistes traditionnels, le pays n'était pas encore un rival des États-Unis et avait trop espéré dans l'extension illimitée de ses parts de marché en Amérique du Nord pour pouvoir assurer la reprise d'une nouvelle Guerre froide, dont il serait l'un des piliers essentiels.

Par ailleurs, même un Japon dégrisé et revenu à une croissance très lente mais toujours dix fois plus riche en PIB (surévalué) que la République populaire de Chine en 1998, et une Inde qui commençait tout juste son ascension vers la puissance étatique avec le succès technologique de son programme nucléaire, ne pouvaient que se tourner vers les États-Unis pour compenser la montée géostratégique d'une Chine qui courtisait une Russie nationaliste et antijaponaise et un Pakistan semi-islamiste et anti-indien. L'affirmation du dynamisme démocratique de Taïwan représentait une carte prometteuse pour l'avenir même du régime de Pékin. Ce dernier pouvait parvenir à ses fins ultimes de puissance s'il évoluait doucement vers davantage de liberté, économique d'abord, politique ensuite en réduisant peu à peu la grande île capitaliste. Par un retournement très spectaculaire, l'ancienne forteresse insulaire anticommuniste de la Guerre froide devenait un facteur de croissance, facteur naturellement proaméricain dans l'évolution de la Chine.

En Amérique latine comme au Moyen-Orient, à un moindre degré en Afrique, d'importantes forces de déstabilisation continuaient à jouer, mais aucune n'était en mesure d'infliger aux États-Unis autre chose que des estafilades. Là encore, les exemples du Mexique dont l'économie s'intégrait de plus en plus vite à celle des États-Unis dans le cadre de l'ALENA, de la Turquie en forte croissance que Washington soutenait à bout de bras dans sa candidature européenne, en faisaient réfléchir plus d'un au Brésil et en Iran, pays autrefois tentés par la rivalité globale avec la puissance américaine. C'était l'heureuse époque des années 1990 où des dirigeants d'inspiration sociale libérale, le grand Enrique Cardoso au Brésil, le subtil Kemal Dervis à la tête de l'économie turque, l'intègre Mohammed Khatami porté au pouvoir à Téhéran par un suffrage universel en insurrection contre la mollacratie, et l'habile Salinas de Gortari qui ouvrait enfin toutes les vannes de la démocratie au Mexique, semblaient installer dans l'euphorie de la croissance retrouvée les bases d'une nouvelle stabilité mondiale. Les arcs de crise autrefois programmés en Amérique latine et au Moyen-Orient n'ont alors plus cours dans un ciel tout à coup dégagé.

Même dans les zones plus critiques encore, un apaisement était bien perceptible. Un progrès, même sanglant, des libertés et du pluralisme au Maghreb se diffusait à partir de l'Algérie en crise. La dépression du marché pétrolier atténuait pour un temps la virulence de l'intégrisme saoudien qui devait abandonner un temps Soudanais et Tchétchènes à leur triste sort. La nouvelle Autorité palestinienne et la Syrie de la fin du règne d'Hafiz al-Asad étaient devenus deux pays engagés sur la voie de la mondialisation. Le premier avec un Israël convaincu de la nécessité de payer la paix au prix fort, le second de laisser Rafik Hariri normaliser davantage la situation au Liban. Ne restaient en fait d'abcès purulents au Moyen-Orient que l'Irak de Saddam Hussein et l'Afghanistan des talibans, certes de plus en plus intraitables l'un et l'autre.

Mais la persistance, voire la réussite économique du réduit kurde ici, de la zone libre d'Ahmed Shah Massoud là-bas, permettait tout de même de maintenir l'immobilisation des deux régimes à un coût tout à fait raisonnable. En outre, cela avait la vertu paradoxale de rapprocher les points de vue de Moscou (alliée de Massoud) et de Téhéran (alliée des Kurdes et également de Massoud) avec les intérêts stratégiques régionaux de Washington. Ces intérêts fondamentaux des États-Unis demeuraient fortement présents grâce au clan des Sudaïris (les quatre frères qui dominent la famille royale), au cœur du régime saoudien, et demeuraient capables par leurs subventions annuelles de maintenir une Égypte réticente dans le giron de la stabilité régionale. Ne demeuraient comme adversaires que des polichinelles sanglants devenus inoffensifs, tels le Libyen Khadafi, le Soudanais Tourabi, voire le Somalien Aïdid.

Un tel scénario d'euphorie de la puissance est-il reproductible à l'horizon de 2020 ? Évidemment pas dans son ensemble. Il suffit pour cela de considérer ce qui a été modifié en profondeur, par rapport au schéma d'apaisement généralisé des tensions géopolitiques et de mondialisation bénéfique à toutes les grandes puissances au milieu des années 1990, et cela indépendamment du 11 Septembre 2001.

Tout d'abord, le prix des matières premières, particulièrement des hydrocarbures, a beaucoup progressé. Sans doute la combinaison d'une instabilité géopolitique lancinante et la poursuite d'une expansion chinoise, encore insuffisamment accompagnée de gains de productivité mais quantitativement impressionnante, jouent-elles en faveur d'une hausse durable, comme le dit le rapport du NIC. À l'instar de tout phénomène historique profond, cet état des choses a deux faces. Pour une part, il apaise certaines tensions sociales fortes, par exemple en Arabie saoudite, à terme en Irak, et surtout au Brésil et en Afrique du Sud. Cet apaisement contribue effectivement à la stabilisation globale d'un monde en pleine mutation. D'un autre côté, ce remplissage des caisses vient opportunément consolider un régime aussi déstabilisant que celui de Chavez au Venezuela. Tout cela permet une redistribution démagogique qui remet en selle l'islamo-fascisme en Iran et finance sans problème la prédication intégriste musulmane et la mise en œuvre du programme terroriste d'Al-Qaïda. Malgré tout, la structure de la consommation énergétique mondiale des années 1990 ne se reproduira plus, et pour longtemps. Les récessions de l'Europe, du Japon et de la Russie menaient à la baisse de la demande, l'entrée massive des hydrocarbures de l'ex-Union soviétique et du golfe de Guinée assuraient la hausse de l'offre. L'Amérique, qui conduit le pied sur l'accélérateur depuis 1992 environ, ne pourra pas se permettre des taux de base aussi peu élevés devant des risques inflationnistes redevenus sérieux. 25 % des importations américaines sont représentés par les hydrocarbures, pétrole et gaz liquéfié.

À cette toile de fond qui restreint tout de même la liberté de manœuvre de la puissance américaine, ajoutons à présent les simples éléments du modèle qui ont varié sur le plan politique. Une contestation, elle-même mondialisée, de la *Pax americana* a marqué partout dans le monde des points significatifs. Au lieu du duumvirat mexicano-brésilien (Salinas/Cardoso), qui étaient les meilleurs alliés des États-Unis et des partisans convaincus de l'instauration d'un grand marché des Amériques, nous avons dorénavant un glissement à gauche de toute l'Amérique latine. Successivement depuis 2003 : le Brésil avec le parti des Travailleurs de Lula, l'Argentine du péroniste de gauche Nestor Kirchner, les socialis Ricardo Lagos au Chili et, plus militant, Tabaré Vásquez en Uruguay, les grondements de tonnerre populistes de tout l'ancien pays inca (Pérou, Équateur et surtout Bolivie), la poursuite des insurrections communistes colombiennes, et la résistance idéologique de Fidel Castro à Cuba, moins isolé que jamais et étroitement allié au Venezuela de Chavez, en pleine prospérité pétrolière. Il ne manque plus que l'élection du populaire maire socialiste (PRD) de Mexico, López Obrador, à la présidence du grand voisin du Sud, élection qui pourrait être accompagnée d'un retour des sandinistes au pouvoir au Nicaragua. La boucle serait bouclée d'une Amérique latine diversement hostile à la politique de Washington.

Et même constat au Moyen-Orient où l'islamisme relativement modéré ou conservateur a coopté ce courant hostile à la mondialisation. En Turquie d'abord avec les triomphes de l'AKP, au Maroc avec les progrès du parti de la Justice et du Développement, en Égypte, Arabie saoudite et Syrie, marquées par l'influence croissante de la Confrérie des Frères musulmans, très influente également au Qatar. Là où la démocratie et le pluralisme progressent (par exemple en Algérie, au Liban ou en Iran), l'enracinement de diverses forces intégristes, partiellement récupérées dans de nouvelles institutions représentatives, s'est également confirmé.

Pourtant l'ancien monde communiste présente, à des degrés divers, les mêmes symptômes : substitution partielle des équipes totalement acquises à la mondialisation par des dirigeants plus nationalistes et plus prudemment anti-américains. L'ère Elstine/Jiang Zemin laisse place à l'ère Poutine/Hu Jintao, marquée par la spoliation de Yukos à Moscou et le refus d'une alliance stratégique s anglo-saxons. À noter aussi le déclen- pagnes chauvines contre Taïwan, le sans doute, plus directement l'Améri-

jusqu'à l'Europe continentale qui n'ait connu une phase aiguë d'anti-américanisme entre la réélection (2003) de Schröder en Allemagne, suivie de l'élection surprise (2004) du socialiste Zapatero en Espagne, reproduite à l'identique au Portugal à la fin de la même année, et l'adoption en France de la ligne diplomatique antimondialiste de Dominique de Villepin. Même en Inde, la victoire du parti du Congrès sur les conservateurs hindouistes du BJP a dans un premier temps remis sur pied une gauche plus prudente dans son alliance avec l'Occident, car le parti de Nehru converti au social-libéralisme par son nouveau leader Manmohan Singh dépend dans l'exécution de sa politique intérieure du soutien parlementaire du Bloc communiste.

Le cas le plus patent est celui de la Corée du Sud, qui demeure menacée dans ses œuvres vives par une Corée du Nord toujours paranoïaque et terroriste, et qui a conféré le pouvoir à une gauche populiste et anti-américaine. Celle-ci conduit une stratégie politique tournée vers le rejet de la défense nationale, la complaisance munichoise à l'égard du régime de Kim Jong Il et la recherche d'une garantie directe de la Chine, substitutive à ses yeux de l'actuelle présence américaine, en voie d'extinction.

Au total, la conjoncture post-2001, où la guerre antiterroriste n'explique pas tout, a déjà provoqué le repli stratégique de l'empire américain sur un nombre restreint d'alliances stratégiques. La Grande-Bretagne et l'Australie demeurent fidèles au poste (et à terme sans doute le Canada), le Japon et Taïwan se sont considérablement rapprochés, l'Inde fait de plus en plus figure d'alliée essentielle de demain. Face à la Russie, à l'Europe centrale catholique dont la Pologne est le leader, face à la Chine, le Vietnam toujours vigilant envers l'hégémonie chinoise et l'Indonésie qui, à la différence du Vietnam, exprime plus discrètement sa méfiance envers Pékin, demeurent des relais sérieux. En Amérique latine, l'alliance de la droite moderne qu'incarne le président colombien Uribe et de la gauche réformiste, telle qu'elle s'esquisse par exemple au Nicaragua ou au sein de l'opposition vénézuélienne, n'ont évidemment pas dit leur dernier mot. Enfin, Israël poursuit sa course haletante à nouveau avec des succès économiques et technologiques. Il n'empêche, l'entrée en force de la puissance militaire américaine à Bagdad aura fait voler en éclats la cohérence et l'apparente universalité de l'hégémonie américaine. Il s'agissait en définitive d'un phénomène sans doute volatile et passager de la grande éclipse des systèmes communistes, mais nullement d'une tendance assurée à partir du moment où les structures véritables de l'après-Guerre froide se mettent réellement en place.

C'est ici que commence le scénario de l'hypothèse la plus pessimiste. On l'énoncera de la sorte. Minima : *Le cycle de la peur* dans les termes du NIC, c'est-à-dire, pour parler clair, *Le chaos mondial.*

Mais pour rendre crédible notre film catastrophe, il nous faut un petit coup de pouce qui va consister à faire en sorte que tous les voyants rouges s'allument en même temps. Bien sûr, une telle hypothèse est improbable. Prenons le monde des années 1930, où l'on a distinctement le sentiment que rien ne s'oppose à la volonté de puissance des fascismes, encadrés par Hitler à partir de 1933, et ce jusqu'à ses premiers échecs de 1940-41 dans le ciel de Londres et aux portes de Moscou. Pourtant, à y regarder de plus près, les futurs alliés de la coalition anti-hitlérienne remportent tout de même quelques succès partiels qui devaient s'avérer fort utiles au coup suivant : par exemple, les succès de politique intérieure de Roosevelt qui immunisaient les États-Unis, l'abdication du roi Édouard VIII en Angleterre, qui décapitait le parti pronazi à Londres, l'échec du putsch des officiers les plus favorables à l'Allemagne nazie au Japon en 1936, l'épuisement physique du fascisme espagnol qui conduira Franco à renoncer à toute entrée en guerre en 1940. Tous ces petits cailloux sur le chemin de Hitler ont beaucoup fait pour son échec final, quand bien même l'axe Berlin-Rome-Tokyo remportait les plus grands succès apparents.

A fortiori aujourd'hui, le modèle minimal est beaucoup plus imaginaire encore. On imagine difficilement que toutes les régions du monde renverraient aux États-Unis, avec une troublante unanimité, une même avalanche de difficultés. Par exemple, en ce moment même, la hausse du prix du pétrole enhardit les extrémistes iraniens et le panbolivarisme de Chavez, mais il consolide aussi la stabilité de l'Arabie saoudite, et rend la Chine plus consciente des dommages qu'elle encourt à s'allier trop étroitement avec l'OPEP.

Par analogie, on comprendra que même dans l'hypothèse la plus pessimiste – et le monde des années 1930 était singulièrement pessimiste –, seuls certains éléments analysés ici pourraient se déclencher entre 2005 et 2020 mais jamais tous ensemble. Cependant la combinaison imprévisible de deux ou trois d'entre eux nous préparerait déjà quelques sérieux mécomptes. Six irruptions catastrophiques sont repérables :

1. L'actuelle posture économique des États-Unis devient insoutenable à court terme

Nous en connaissons les déterminants. On peut constater un triple déséquilibre : endettement des ménages par tarissement de l'épargne américaine, déficit budgétaire croissant résultant du refus idéologique de toute hausse d'impôts, enfin déficit explosif de la balance des comptes. Le déséquilibre global provoque un beau jour un effondrement. La chute trop rapide du dollar entraîne un relèvement brutal des taux qui ralentit l'économie intérieure pour au moins deux ans. La dévalorisation des trillions de dollars que détiennent les banques asiatiques, chinoises en premier lieu, ruine le système financier de Pékin au moment où le ralentissement des échanges transpacifiques provoque un vaste choc dans l'industrie chinoise. Poussé par des forces populistes et démagogiques, le protectionnisme réapparaît aux États-Unis, bientôt suivis par l'Europe et le Japon, qui constituent en défensive des sphères d'influence exclusives. Pour l'une au Moyen-Orient, pour l'autre en Asie du Sud-Est, en opposition directe à la Chine.

2. La perturbation de la mondialisation entraîne en Chine le triomphe des forces autarciques

Ces forces existent déjà aujourd'hui au plus haut niveau de l'État. Il suffirait par exemple d'une coalition du président Hu Jintao, des militaires les plus nationalistes et des forces économiques plus protectionnistes, désireuses de développer l'intérieur du pays et de protéger l'industrie moderne grâce à des partenariats géostratégiques avec la Corée du Sud, l'Asie du Sud-Est et le Pakistan. Celles-ci finiraient par gagner pour de bon. Le premier ministre réformateur Wen Jiabao serait emporté par la vague, et avec lui les chefs d'entreprise mondialistes qui veulent toujours s'implanter aux États-Unis et en Europe, ainsi qu'œuvrer à un compromis historique avec le Japon. La Chine deviendrait une puissance résolue à porter la contradiction face aux États-Unis. Ce qu'elle fait ouvertement dès maintenant avec Chavez et Castro en Amérique latine, le président zimbabwéen Mugabe en Afrique australe, et plus discrètement avec les militaires pakistanais les plus anti-américains et anti-indiens.

3. Le retournement chinois entraîne à son tour d'autres puissances hésitantes dans un nouvel axe antimondialiste

En Russie, les mêmes forces nationalistes et antimondialistes qu'en Chine (la société pétrolière d'état Rosneft, le banquier chrétien orthodoxe Pougatchev, le vieil appareil militaro-industriel racheté par l'armée chinoise qui serait devenue entre-temps son principal client) imposent, avec ou sans Poutine, le même tournant anti-américain, bénéficiant d'emblée d'une médiation saoudo-pakistanaise en Tchétchénie, qui arrêterait enfin les combats et entraînerait un redéploiement de l'armée russe, cette fois-ci contre l'Azerbaïdjan et la Géorgie, alliés des États-Unis et de la Turquie.

En Iran, le président élu par la fraude, l'islamo-fasciste Ahmadinedjad, sortirait de la boîte où l'on voulait l'enfermer et créerait au sommet du pouvoir une coalition résolue à contrer l'Amérique en Irak, en concertation avec l'état-major des pasdarans qui absorberait l'armée classique tout entière. Nous aboutirions bientôt à une alliance officielle Moscou-Téhéran-Pékin ouvertement dirigée contre l'Amérique, Israël et le Japon.

4. La montée en puissance de l'axe eurasien (Chine, Russie, Iran) provoquerait un profond trouble en Occident (Europe et Amérique latine)

Comme en 2003, lors de la campagne en Irak de la guerre antiterroriste, l'Europe unifiée par son économie, partiellement par sa monnaie, se casserait en deux devant l'obstacle. Britanniques, Scandinaves défendant l'indépendance balte, Tchèques, Polonais, Hongrois, Roumains occidentalistes et Ukrainiens, ainsi qu'une Hollande et une Irlande en pleine mutation, voudraient un renforcement de l'alliance américaine, tout comme le Japon en Asie. Au contraire, le couple franco-allemand appuyé par les Ibériques, la nouvelle coalition intérieure en Italie, la Belgique mais aussi le bloc orthodoxe Serbie-Grèce-Bulgarie qui se reconstituerait à cette occasion, prôneraient un rapprochement avec l'axe Moscou-Téhéran-Pékin. Aux Russes, la coalition européenne continentale proposerait une entente économique créant une sorte de bloc géoéconomique autosuffisant et protectionniste depuis Brest jusqu'à Vladivostok. Des Chinois, elle entendrait obtenir un traitement privilégié et se substituer aux investissements américains et japonais, au prix d'une reprise des échanges de technologies militaires. Enfin, les néo-européens accorderaient aux Iraniens leur totale et complaisante approbation en matière nucléaire par le refus de toute sanction effective du comportement de Téhéran, tandis que les Russes décideraient de ne plus récupérer le plutonium à usage nucléaire de la centrale de Busher, centrale qu'ils ont construite puis doublée pour les ayatollahs. Le programme de prolifération iranien triompherait sans combat. Observons que ces trois ouvertures ne sont que l'extrapolation par accélération subite de ce qui se pratique en ce moment même.

En Amérique latine, les socialistes modérés du Chili et du Brésil seraient submergés par la vague populiste, enhardie d'un nouveau bloc eurasiatique, auquel le Venezuela et Cuba adhéreraient d'emblée suite à la décision de Chavez de vendre à l'avenir la totalité des exportations de pétrole de PDVSA, la société d'État nationale, à la société chinoise de prospection offshore CNOOC. Dans le trou ainsi ménagé, les « bolivaristes » provénézuéliens passeraient à l'action dans l'axe andin. D'abord en Bolivie avec l'insurrection des cocaleros d'Evo Morales, mais aussi au Pérou et en Colombie où la démocratie s'affaiblirait face à la détermination des FARC et à l'insolente prospérité vénézuélienne gagée sur un baril de pétrole brut qui aura dépassé les cent dollars, en réponse aux évolutions russes et iraniennes.

5. L'islamisme radical conserve toutes ses chances au Moyen-Orient

Le tournant anti-américain de l'Iran aboutit rapidement à une réconciliation spectaculaire des chiites et des sunnites en Irak, en Syrie, au Liban et au Pakistan. Le petit mollah Moqtada Sadr ressort de sa boîte à Bagdad et conclut une alliance militaire tacite avec le djihad sunnite de Zarkaoui et des baasistes, laquelle déstabilise en profondeur le gouvernement chiite modéré d'Ibrahim Jaafari et Ahmed Chalabi, coupé de sa base arrière iranienne. La seule réponse bien précaire est d'accroître sur le terrain le nombre de soldats américains déployés, abandonnés désormais de tous les Européens, Britanniques exceptés.

Au Liban, le Hezbollah remet en cause son accord avec le gouvernement d'union de Saad Hariri et reprend tout à la fois les actes de provocation face à Israël et les manœuvres d'intimidation envers chrétiens et druzes. En Syrie, enfin, Bachar al-Asad est renversé au profit d'une coalition d'officiers généraux alaouites qui lui reprochent son abandon du Liban et, en accord avec la nouvelle diplomatie panislamique de Téhéran, intègrent les Frères musulmans sunnites au nouveau pouvoir.

6. Dernier étage de la fusée : les braises mal éteintes d'Al-Qaïda repartent de plus belle

La prospérité politico-stratégique d'Oussama Ben Laden reposait depuis le début sur un réseau étendu de complicités en Arabie saoudite et au Pakistan. Depuis le 11 Septembre, les torsions de bras répétées des Américains sur ses deux pseudo-alliés orientaux avaient abouti à des résultats minimaux mais réels. Tout d'un coup, les deux organisateurs principaux du compromis avec Washington, le nouveau roi Abdallah en Arabie et le général Parvez Mucharraf au Pakistan seraient tous deux déstabilisés en même temps, grâce aux offres mirifiques de la nouvelle puissance chinoise et aux promesses de Téhéran d'un arrêt total de la rivalité chiite/sunnite, tant dans le golfe Persique qu'à Karachi. Malgré son antichiisme de principe, le prince Nayef, ministre de l'Intérieur saoudien, conclurait ainsi une alliance avec le ministre saoudien du Pétrole, le chiite Ali Naïmi, grand ami de Chavez au sein de l'OPEP. Le général Mohammed Aziz, actuel chef de l'État-Major, remplacerait à Islamabad un Mucharraf épuisé, et éléverait tout de suite le ton face à l'Inde, tout en restituant les pleins pouvoirs en matière nucléaire au célèbre docteur Abdul Qadir Khan, le mauvais génie de la prolifération. On parlerait de plus en plus de l'installation de missiles chinois et nord-coréens plus modernes que les précédents sur des bases saoudiennes. À tout instant, la bombe pakistanaise peut en effet devenir saoudienne, après le transport d'une douzaine d'engins par avion de Karachi à Dahran (une heure de vol).

C'est le moment que choisiraient Oussama Ben Laden – malgré sa santé fragile – et son coadjuteur Ayman Zawahiri pour gagner les zones tribales sunnites du Yémen, en insurrection officieuse contre le gouvernement de Sanaa, qui demeure chiite et proaméricain, lié militairement à celui de Bagdad. Le djihad recommencerait avec des armes radiologiques et bactériologiques fournies par le bon docteur Abdul Qadir aux nouvelles cellules d'Al-Qaïda, qui disposeraient de la logistique sophistiquée des services secrets pakistanais (l'ISI). Lesquels services auraient évidemment repris les manœuvres de déstabilisation en Afghanistan (d'où Français et Allemands se seraient retirés) ainsi qu'au Cachemire indien.

On peut imaginer qu'à Paris l'important Jean Baudrillard expliquerait en première page du *Monde* que l'Amérique est la seule coupable du tour pris par les événements, et que l'immense révolte barbare qui balaye le monde depuis Pékin jusqu'à La Paz n'est que la juste rétribution des barbaries tellement plus graves d'un Occident coupable notamment d'avoir permis l'instauration de l'État d'Israël. À Washington, le secrétaire général du Parti démocrate, l'ancien gouverneur du Vermont, Howard Dean, après avoir poussé un vaste cri primal pour se mettre en forme, proclamerait que l'Amérique n'a pas vocation à affronter la terre entière pour le caprice de quelques néoconservateurs aux noms « imprononçables » et qu'elle doit redéfinir ses priorités qui passent par un nouveau protectionnisme industriel à l'intérieur et une dissolution de ce qui demeure des alliances de Guerre froide, à l'extérieur.

Les spectateurs choqués par cette représentation imaginaire de l'hypothèse du Chaos peuvent déduire tout seuls la suite de ce récit d'épouvante. Ils ont compris. Dorénavant, les scénarios plus sérieux peuvent s'envisager.

Le rapport du NIC envisage en effet deux scénarios non catastrophiques, mais contradictoires : *Le monde de Davos* et *Un nouveau califat*. Le premier est fondé sur la projection de données de moyen terme : l'avance technologique et la puissance financière des États-Unis, l'interdépendance croissante des grandes économies de la planète, les bénéfices spectaculaires que produit la mondialisation en matière de croissance accélérée de zones encore peu développées de la planète (essentiellement la Chine, l'Inde, le Brésil ou l'Afrique du Sud), et même la dépendance réciproque qui s'instaure peu à peu entre adversaires potentiels, de manière un brin perverse, comme le financement de la dette publique américaine par la Chine.

La projection quotidienne de ces tendances lourdes de la dynamique mondiale a pour effet principal de plonger la plupart des régions agitées de la planète dans un bain refroidissant et apaisant. Trop d'intérêts fondamentaux de la Chine vont dans le sens de bonnes relations avec l'Occident pour que l'on puisse imaginer une victoire durable du nationalisme autarcique. Quant à la Russie, elle a besoin d'une perfusion de capitaux étrangers et de technologies civiles nouvelles pour s'abandonner paresseusement à une politique de spoliation et de rentes qui ne tardera pas à la replonger dans la régression. Le Brésil, toute semi-trotskyste que soit l'origine des principaux ministres de son gouvernement, est attaché à la pacification générale de l'Amérique australe et a prouvé déjà à plusieurs reprises la ductilité et l'habilité négociatrices de sa diplomatie, aussi bien au Venezuela qu'en Bolivie.

Dans le même temps, le rapport note toutes les évolutions positives des sociétés civiles que permet Internet, avec un accès de plus en plus direct à toutes les sources d'information, les échanges liés à l'immigration, au tourisme de masse, aux solidarités religieuses, autrefois de proximité et presque immuables. Les auteurs notent par exemple qu'en 2020, deux des plus grandes communautés chrétiennes (et même catholiques) dans le monde se trouveront au Nigeria et en Chine ! On connaît d'autre part des mouvements de fond tels que les progrès du protestantisme évangélique en Amérique latine au détriment du catholicisme, d'un catholicisme personnaliste et occidentaliste en Russie au détriment de l'église orthodoxe. La montée de l'intégrisme islamique n'est nullement confirmée dans des pays aussi différents que l'Algérie, la Tunisie, le Soudan, la Syrie, l'Iran, l'Afghanistan, l'Asie centrale, l'Indonésie et même, ô surprise, le Pakistan. Certains mouvements migratoires n'ont pas les effets explosifs que l'on a pu constater en Hollande.

En France, l'immigration algérienne a pesé de tout son poids – en l'occurrence électoral – pour assurer l'isolement et la défaite du FIS à la fin des années 1990. Aux États-Unis, l'ampleur du phénomène d'intégration de l'immigration mexicaine, laquelle gagne à présent les régions vides du Centre-Ouest, et les grandes villes du Middle West comme Chicago ou Detroit, rend de plus en plus difficile l'accomplissement d'un tournant populiste et chauvin à la Chavez, au sud du Río Grande.

En un mot, le scénario Davos, lequel court en réalité comme une onde puissante et souterraine sur toute la surface du Globe, représente un courant que des événements douloureux peuvent contrarier mais difficilement interrompre. Cette « mondialisation heureuse », pour reprendre le terme lui-même fort heureux d'Alain Minc, est la seule explication juste pour rendre compte d'une série de surprises optimistes qui se sont égrenées au fil des dernières années. Citons pêle-mêle, et contre toute attente :

1 - La consolidation ou l'irruption de la démocratie, au faîte de la crise économique asiatique de 1997-98. Les classes moyennes montantes, portées par le développement accéléré, ont assuré la victoire des libertés politiques en Corée du Sud, en Indonésie, en Thaïlande, et bloqué les poussées autoritaires de Mahatir en Malaisie, assurant aussi au passage l'émancipation de Timor.

2 - La résorption presque totale des pouvoirs militaires autrefois surpuissants en Amérique australe. Ni les ennuis juridiques de Pinochet au Chili, ni l'effondrement de la stratégie économique argentine, ni le raz-de-marée victorieux du parti des Travailleurs

de Lula au Brésil, ni le climat d'anarchie rampante dans les pays andins, n'ont pu convaincre les prétoriens de sortir une nouvelle fois de leurs casernes.

3 - La pacification de certains pays intégristes. En Inde d'abord où l'aile majoritaire du BJP, entraînée par le Premier ministre Vajpayee, a su, pour l'essentiel et contre ses propres partisans extrémistes, préserver la laïcité, dont l'abolition fut autrefois l'élément essentiel du programme hindouiste. Et par la suite en Turquie, où l'arrivée au pouvoir de l'AKP n'a infléchi ni la vie quotidienne de la population, ni la politique d'intégration européenne de l'État.

4 - Le recul général des formes autoritaires dans le monde postcommuniste, y compris en Russie où Poutine n'a pas complètement suivi la pente de l'autocratie restaurée. Les élections ukrainiennes de 2004 ont fini sur un nouveau triomphe de la démocratie, préparé un peu auparavant par les élections géorgiennes, et suivi par les élections kirghizes de 2005. La Serbie est entrée en convalescence et a commencé à livrer ses criminels de guerre au TPI, tout comme la Croatie et même la Bosnie musulmane. Les descentes de mineurs sur Bucarest, ou les violences antihongroises en Slovaquie, les affrontements armés en Moldavie, et les menaces de programmes antitsiganes partout, pour ne pas parler de l'antisémitisme en recul même en Russie, seront bientôt de très mauvais souvenirs du début des années 1990. L'intégration, notamment européenne, aura abouti à un apaisement général beaucoup plus profond que prévu, et diffusé ses effets calmants jusqu'à Moscou.

Tout indique que « l'onde de Davos » demeurera une force permanente de stabilisation de la planète. Loin d'une *Pax americana* impossible, elle nous prémunit sans doute, telle une série d'écluses successives, pour un fleuve sensible aux irruptions torrentielles, contre des catastrophes semblables à celles décrites dans le Chaos mondial.

Mais les mêmes forces agissent-elles effectivement sur la crise des sociétés islamiques ? Non, sans doute, puisque le scénario « ben ladenien » d'émergence d'un nouveau califat demeure tout à fait possible.

Comme le dit si bien la Bible, « l'homme ne vit pas que de pain ». Certes, l'islamisme contemporain a des racines sociologiques dans l'urbanisation brutale du monde musulman au cours du dernier demi-siècle. Le Caire, Istanbul, Casablanca, Téhéran, Karachi, jalonnent de leur masse terrible cette histoire récente. Mais l'essentiel du mouvement islamiste est alimenté par des causes idéologiques bien plus qu'économiques. Tous les pirates aériens du 11 Septembre avaient un emploi, comme tous les meurtriers des touristes de Louxor en 1997. Tous les petits chefs d'Al-Qaïda appartiennent aux classes moyennes d'Égypte, de Jordanie ou du Pakistan, tous les grands chefs à l'aristocratie de fortune ou de mérite. Les alliés de ce mouvement sont le plus souvent des négociants fort riches, des ingénieurs et des avocats, voire des membres de la famille royale saoudienne, des officiers pleins d'avenir au Pakistan, en Égypte et au Maroc. Si la richesse matérielle devait éteindre les feux de l'islamisme radical, pourquoi demeure-t-il si puissant en Arabie saoudite, notamment dans les grandes villes, telle Riyad, alors que le PIB saoudien par habitant atteint aujourd'hui celui de l'Autriche ?

La vérité est donc bien différente. Comme le cycle fasciste s'était emparé des classes moyennes européennes bouleversées par la Première Guerre mondiale, le cycle islamiste mobilise avec une idéologie relativement cohérente les classes moyennes du monde musulman, bouleversées et humiliées jusqu'à la rage par la perte d'influence de leur monde, face à l'ascension du monde chinois (Indonésie, Malaisie), de l'Inde (Pakistan, Bangladesh), d'Israël (Proche-Orient), de la culture occidentale, qu'elle soit française (Maghreb), anglo-saxonne (Turquie) ou même russe (Caucase et Asie centrale), voire devant les révoltes identitaires africaines (Soudan, Sahel, Mauritanie, Afrique orientale). Le califat n'est sans doute pas une aspiration réaliste, pas davantage que ne l'était « la grande nation arabe » de l'Atlantique au golfe Persique qu'évoquaient naguère Nasser et les baasistes. Mais la projection de cette utopie politique sur la réalité quotidienne du monde musulman contribue puissamment à son agitation permanente, rendue plus aisée encore par le relatif degré de développement économique et la disposition de capitaux oisifs des États pétroliers (Libye, Arabie saoudite, Émirats, Iran) qui peuvent se réinvestir à tout moment dans des formes imprévisibles de djihad.

Est-il juste de ne considérer ici que l'intégrisme islamique, et de passer peu ou prou sous silence tous les autres ? Oui, malgré quelques restrictions.

Tout musulman aura parfaitement raison de s'indigner que l'on ne rappelle pas les crimes d'autres intégrismes, tout aussi atroces. Chrétien orthodoxe à Srebrenica en Bosnie en 1995, hindou au Gujerat en 2003 avec les pogroms ourdis par le gouverneur local du BJP Narendra Modi, juif en Israël avec le massacre de la mosquée d'Hébron en 1996 par l'intégriste Baruch Goldstein, pour ne pas parler des brutalités injustifiables de la troupe russe en Tchétchénie. Pourtant, aucun de ces intégrismes, pour atroces que puissent en être leurs conséquences, n'est porteur d'un authentique projet politique à l'échelle mondiale, et même nationale.

L'anti-islamisme communaliste de Narendra Modi a déjà été bloqué par les modérés au sein du BJP et entraîné, parmi d'autres facteurs, la victoire électorale du parti du Congrès de Mme Gandhi en 2003. Le geste de Goldstein, comme plus tard l'assassinat d'Itzhak Rabin par le même groupe, n'a éveillé aucune sympathie dans le monde juif, ni même israélien. Si l'on trouve bien quelques Serbes qui exaltent encore les tristes exploits de leurs mauvais bergers (Karadzic et Mladic), en revanche l'espoir que concevaient les nationaux-communistes de Belgrade d'entraîner dans leur sillage l'influente Grèce et la grande Russie s'est heurté à de puissantes résistances qui ont fini par retentir positivement sur l'opinion serbe elle-même. La Russie n'a jamais consenti à se proclamer en guerre contre les musulmans, qui sont des citoyens à part entière de son État. La Grèce a fini avec Georges II Papandhréou par retrouver la voie de la négociation avec la Turquie.

Rien de tel dans le monde musulman, où Ben Laden bénéficie encore d'une large sympathie à peine critique, où des mouvements islamistes de masse attendent telle une armée régulière d'avancer à leur tour, sur un terrain reconnu par les exploits d'avant-garde de ses djihadistes, où des alliances antimondialistes se tissent enfin au-delà des frontières régionales pour autoriser « cette marche sur La Mecque », qui attend encore son Mussolini islamique. Le scénario Califat ne peut pas aboutir en tous points. Pas davantage que le scénario euphorisant de Davos. Mais de même que le premier nous ramenait peu à peu vers la *Pax americana* (maxima), le second nous fait vite approcher du Chaos (minima).

Point n'est besoin d'imaginer une unification totale des musulmans de la planète pour concevoir l'effet d'entraînement d'un tel phénomène insurrectionnel sur le reste du monde. Aujourd'hui Chavez courtise les islamistes et attise l'antisémitisme local avec la vision d'une grande alliance pétrolière qui amènerait le baril, sans effort, au-delà de cent dollars. Déjà, les antimondialistes français acclament le prédicateur intégriste Tariq Ramadan qui conspue les intellectuels juifs français. La Chine s'acoquine avec les militaires pakistanais les plus hostiles à la conciliation avec les États-Unis et l'Inde, et entreprend de construire autour du port baloutche de Gwadar l'instrument d'une politique intrusive au Moyen-Orient. Et il ne manque pas à Moscou et à Téhéran de têtes chaudes pour regretter les uns la vieille politique arabe de l'Union soviétique, les autres la fraternelle réconciliation avec les djihadistes sunnites.

Ce n'est donc pas le degré intrinsèque de nocivité qui distingue tellement les islamistes des autres intégristes dispersés sur la planète, c'est tout simplement leur capacité qualitativement supérieure à mobiliser d'importantes forces politiques et militaires au service de leurs ambitions du moment, et dans un second temps, par un mélange subtil d'intimidation et d'émulation, d'aider à coaguler d'autres forces antimondialistes, lesquelles peuvent rapidement conduire la planète au chaos et à la guerre généralisée.

Par le passé, des intellectuels nazis ou pronazis tels Martin Heidegger ou Ernst Jünger pouvaient jouir d'une prestance intellectuelle, et même morale pour le second d'entre eux, qu'on trouvera vainement en France chez un voyou de plume génocidaire comme Céline, ou sa concierge Mme Arletty, dont la correspondance avec Céline est particulièrement éloquente. Fort heureusement, la société française était beaucoup moins bonne conductrice de ces idées dangereuses que ne l'était la société allemande.

Personnellement, je trouve tel théologien islamiste – surtout chiite – assez respectable par l'intensité et la ferveur brûlante de sa foi. Et je peux la préférer à la canaille antisémite et antimondialiste de nos faubourgs. Mais la nocivité des uns, dans une société qui s'imbibe de leurs discours, est incomparable à celle des autres, qui doivent déjà ruser verbalement avec un système de valeurs qui les condamne d'emblée, celui de l'Occident laïque et démocratique.

D'où les conséquences redoutables que l'on trouve au cœur du scénario Califat. Comme le rapport du NIC est adressé à un président texan, George W. Bush, qui aime les « *happy ends* », les pages qui y sont consacrées évoquent plutôt les difficultés de l'entreprise, l'accumulation des forces de frottement qui y font obstacle, plutôt que sa réussite imminente. Et je partage pour ma part l'optimisme relatif des auteurs. Mais il nous faut néanmoins conserver à l'esprit l'ampleur véritable du défi et les moyens pour y faire obstacle.

Le mouvement intégriste, dont Al-Qaïda n'est qu'une force spéciale d'avant-garde, est en effet très majoritaire en Égypte, et, même s'il est divisé en modérés et extrémistes, en Arabie saoudite. Il maintient l'arme au pied les milices tribales sunnites du Yémen d'Al Islah, fortes d'une centaine de milliers d'hommes résolus, et influence l'idéologie des massacreurs « Djandjawid » du Darfour, au Soudan. Il a profondément noyauté l'armée et les services secrets du Pakistan, et conserve de forts groupes militants chez les Pathans d'Afghanistan et dans certaines zones de l'Asie centrale ex-soviétique. Les intégristes sont à présent chez eux au Caucase russe, avec le basculement des Tchétchènes, et de plus en plus influents en Palestine, notamment à Gaza. Leur implantation est sans doute puissante en Syrie comme en Libye. En Algérie comme au Maroc, les tentatives de récupération par le pouvoir civil confèrent une légitimité croissante à ce mouvement intégriste, sans pour autant réduire réellement les marges d'action des forces les plus radicales, telles celles de Cheïkh Yassine au Maroc, ou la plupart des anciens combattant de l'AIS en Algérie. L'élection d'Ahmadinedjad en Iran, pour trafiquée qu'elle ait été par les miliciens pasdarans, nous renvoie aussi un signal très alarmant. Seuls le Liban à nouveau pluraliste, l'Irak chiite et, de plus en plus démocratique, le pouvoir pacificateur du président Karzaï en Afghanistan, les noyaux chiites zeïdites au Yémen, les Berbères laïcistes au Maghreb, et la prospérité active et laborieuse de la Tunisie, y font vraiment obstacle. Ajoutons pour faire bonne mesure l'image de démocratie tolérante que donne aujourd'hui la Turquie, laquelle s'étend à l'Azerbaïdjan, indépendant comme peu à peu l'Iran ; et encore la rigueur politique de plusieurs armées, outre la turque, la marocaine, l'algérienne, la tunisienne, l'égyptienne, ainsi que la Garde nationale multiethnique en Arabie saoudite, qui veillent sur la rationalité des États.

Bien sûr, tous ces barrages ne seront pas levés d'un seul coup. Mais plusieurs peuvent l'être, parfois à l'improviste, et entraîner de graves conséquences politiques et humaines.

Comment y répondre ? Le rapport de la CIA est ici plutôt pauvre en indications concrètes, et on le conçoit fort bien. Peut-on en conclusion de cette présentation tenter d'aller plus loin ?

Considérons en effet le groupe dirigeant émergé d'Al-Qaïda tel un modèle très réduit des forces auxquelles nous pourrions, avec les États-Unis, nous trouver confrontés. Un chef, « un émir » saoudien, quasiment membre de la famille royale, Oussama Ben Laden ; un conseiller politique de haute volée, Aymam Zawahiri, issu de l'élite intellectuelle égyptienne (il fut un grand chirurgien) et religieuse (c'est aussi un petit-fils d'un cheïkh Al Azhar, doyen de la faculté de théologie du Caire, qui sert peu ou prou de Vatican aux sunnites) ; des milices tribales diversement organisées : en 2001, les talibans afghans, de mollah Omar, mais cela aurait aussi pu être les miliciens yéménites d'Islah du cheïkh Zindani, des groupes senoussis en Libye en cas d'effondrement de Kadhafi, et surtout aujourd'hui le groupe Zarkaoui en Irak.

Pratiquons à présent ce que l'on nomme en mathématiques une homothétie positive. C'est-à-dire : élargissons de huit à dix fois la dimension de ce groupe. Nous obtiendrons donc une fraction intégriste ultrawahhabite de la cour saoudienne à la place de Ben Laden, assistée d'une pléiade d'intellectuels et de prédicateurs égyptiens dans la mouvance des Frères musulmans, à la place de Zawahiri, et une des deux armées conventionnelles sérieuses de la région (pakistanaise, égyptienne ou syrienne) en lieu et place des milices tribales antérieures.

On le voit, le problème le plus sérieux commence avec les armes de destruction massive, et la plus évidente d'entre elles : la bombe pakistanaise. Mais il s'étend ensuite de proche en proche, pour créer un abcès de fixation qui sera très difficile à maîtriser sans intervention militaire et massive, en rupture inévitable du « consensus de Davos », laborieusement amélioré au fil des ans.

Ici nos amis américains marchent sur des œufs, et ne fournissent au lecteur que des bribes d'analyse. À lui de se débrouiller, mais nous pouvons à tout le moins lui ouvrir certains passages : le consensus de Washington porte aujourd'hui sur trois éléments stratégiques.

1 - Tout mettre en œuvre pour ouvrir et aérer le monde de l'Islam en renforçant ses affinités avec ses voisins. C'est déjà chose faite en Indonésie et en Malaisie, qui ont opté pour leur identité asiatique. C'est la raison stratégique fondamentale du soutien américain de la candidature turque à l'Union européenne et auparavant de l'appui fourni aux revendications bosniaque et albanaise dans les Balkans, voire, un pont trop loin, de l'appui fourni aux séparatistes tchétchènes dans une phase initiale. La même idée s'applique plus laborieusement au Pakistan dont Washington aimerait faire ressortir l'identité profonde, indienne, pour engager la véritable pacification avec Delhi sur la base d'une convergence durable des deux sociétés civiles. Et même au Soudan où les Américains, en jouant à fond la carte de l'Union africaine, essaient de réintégrer l'État islamo-négrier de Khar-

toum dans une réalité régionale à laquelle son arabité revendiquée lui fait tourner le dos.

2 - Utiliser une dynamique actuelle en Irak pour soulever le monde chiite dans son ensemble, tenté par l'expérience démocratique, depuis la victoire des siens à des élections libres, à Bagdad. Cette carte chiite a joué déjà favorablement au Yémen, au Pakistan, où les chiites, telle Benazir Bhutto, sont le fer de lance de la modernité et de la laïcisation, et dans les Émirats, à Bahrein, à Oman, où ils sont cooptés par les pouvoirs en place sur des bases libérales et démocratiques. Cette stratégie embarrasse totalement le Hezbollah libanais, qui a tout de même commencé par des considérations voisines à rompre les amarres avec le pouvoir syrien et joué le jeu des élections libres libanaises, jusqu'à entrer avec deux ministres dans le gouvernement de Saad Hariri. L'alliance de plus en plus étroite des États-Unis et de la plupart des chiites arabes et indo-pakistanais inhibe à l'évidence l'agressivité de Téhéran, qui pour l'instant tolère et même avantage la présence américaine en Irak et en Afghanistan, pour cette seule raison. Mais cette stratégie ne peut suffire, si elle aboutit à livrer le monde sunnite (75% du monde musulman) aux entreprises déstabilisatrices des intégristes. C'est ici que le consensus actuel à Washington débouche sur l'entreprise la plus risquée.

3 - Forcer la main aux régimes autoritaires amis, afin qu'ils consentent enfin à des élections libres. Contraindre les islamistes modérés à assumer la nouvelle logique intégratrice qu'ils prétendent incarner et couper l'avant-garde ben ladenienne de sa base

organisée par les Frères musulmans et certains groupes apparentés.

Tout le risque calculé est bien là. Certes, il existe en effet des mouvements, nés de l'islamisme, et ayant partagé initialement ses convictions xénophobes, intolérantes, misogynes, antisémites et philofascistes, qui ont opéré un véritable tournant vers un conservatisme musulman semi-moderne sans restriction mentale vis-à-vis du pluralisme politique et culturel. Déjà, en Bosnie, le président défunt Izetbegovic avait, après un passé chargé, manifesté d'incontestables tendances conciliatrices. La clarification survenue en Turquie depuis 1997 a également conduit à la naissance, avec l'AKP, du modèle du parti pro-islamiste converti au libéralisme démocratique. Autour de l'actuel gouvernement turc, des adhésions se sont produites chez les islamistes albanais de Macédoine, les islamistes progressistes des frères Khatami en Iran, et dans le parti de la Justice et du Développement du Maroc, candidat à la cooptation par le trône. Un personnage comme Taleb Ibrahimi en Algérie, porteur de la tradition libérale conservatrice du Mouvement des oulémas d'avant 1945, se rattache aussi à cette tendance ; à laquelle on doit également annexer les Frères musulmans irakiens entrés par antibaassisme dans le gouvernement proaméricain de Bagdad, et, si l'on en croit leurs déclarations melliflues, les Frères égyptiens eux-mêmes, qui n'ont plus, contrairement à toutes leurs doctrines, que le mot de démocratie à la bouche. Mais ici tout devient une question de curseur. L'énoncé d'un principe, aussi sacro-saint soit-il, comme la légitimité démocratique, n'a de sens que si les élections libres assurent qu'il n'y aura pas, par la suite, confiscation du pouvoir par les nouveaux arrivants.

Autant le pluralisme religieux, inhérent aux sociétés irakienne et libanaise, permettait d'emblée d'imposer des garde-fous à un raz-de-marée islamiste comparable à l'élection algérienne de 1991, autant des pays comme l'Arabie saoudite (avec des élections municipales catastrophiques pour le pouvoir à Riyad en mai 2005), la Palestine si fragile, semblent bien exposés à des coups de force électoraux peu clairs, sur le modèle des élections truquées de Téhéran en juin 2005.

L'accumulation des ces trois stratégies revient à avouer que pour le troisième scénario (la montée du Califat), l'Amérique n'a en réalité – on le subodorait – aucune stratégie véritable. Le scénario numéro un, *Pax americana*, n'avait besoin que d'un pilotage automatique bienveillant et un peu condescendant. Rappelons l'apogée des années Clinton, commerce, boom informatique et doctrine du zéro mort : il faut sauver le soldat Ryan de l'horreur du monde, avec l'aide de toutes les bonnes volontés. Le scénario numéro deux, le Chaos, était relativement simple à gérer. Une fois la catastrophe engagée, l'Amérique n'aura plus d'autres choix que de faire face par la guerre et la mobilisation de toutes ses ressources à une nuée d'ennemis, avec quelques alliés fiables. Le scénario numéro trois, Davos, est de loin le plus simple à concevoir. Il suffit que les sociétés civiles et les places économiques fondamentales de ce monde soient libres de s'associer et de multiplier leurs avantages comparatifs le plus largement possible sur la planète. Mais cela ne nous donne pas la clef du quatrième et plus vraisemblable scénario, le conflit avec une force intégriste majoritaire dans le monde musulman, et qui a déjà pu, avec des moyens restreints, semer la terreur et le chaos que l'on sait à New York en septembre 2001.

Les lecteurs devront ici rester sur leur faim. J'ai toutefois la présomption, pour conclure, de m'adresser à eux, et un peu par-dessus leur tête à nos amis américains pour leur adresser les bons conseils suivants que l'on pourrait ainsi baptiser de scénario cinq : *Le triomphe du multipolarisme bien tempéré.*

La *Pax americana* des années 1990 était un accident de l'histoire récente. Les conditions qui l'ont rendue possible et même supportable à une majorité d'États ne sont pas reproductibles avant longtemps. Le scénario Davos se poursuivra, quoi qu'il arrive, en toile de fond des quinze prochaines années, mais sans pouvoir réellement peser sur toutes les occurrences catastrophiques qui se présenteront inévitablement. Pour faire face aux quinze turbulentes prochaines années, il faut avant toute chose se concentrer sur les scénarios pessimistes, le Califat et le Chaos, afin d'en minimiser l'impact le plus violent.

Pour cela, il faut commencer par la fin et remonter le fil d'Ariane vers ce big bang de la mort que fut le 11 Septembre 2001. Débuter par la fin signifie simplement partir de l'univers en expansion, le chaos total, pour déjà le juguler préventivement.

L'objectif le plus simple est en effet de désamorcer les bombes les moins probables, si j'ose dire : la russe et l'iranienne. Moscou a déjà pu prendre la mesure de l'inanité de sa politique nationaliste. Dès la fin 2004, neuf milliards de dollars d'investissements en capital avaient fui la Russie à nouveau ; plus aucune société étrangère sérieuse ne désirait entrer sur le marché russe après la spoliation de Youkos. Le retard d'investissements absolument prioritaires en matière pétrolière entraînait pour 2005 la baisse des revenus pétroliers et gaziers russes, en pleine période de hausse mondiale des prix. Tout simplement, la production ne suit plus, dès lors que Youkos est au tapis et que les argousins grands-russes qui ont tapé à coup de pieds et de poings sur la machine se révèlent par ailleurs incapables de la faire fonctionner. La Russie est confrontée à deux types d'adversaires géopolitiques sérieux. À l'est et au sud, des forces durablement hostiles menacent son intégrité territoriale. Ce sont les islamistes (insurrection tchétchène) et la Chine (absorption progressive insidieuse de l'Extrême-Orient russe par infiltration de population immigrée et domination économique). À l'ouest, des revanchismes divers (balte, ukrainien, géorgien, et derrière polonais en Biélorussie et turc en Azerbaïdjan) contribuent à corseter une Russie humiliée et rapetissée dans une définition étroite et désespérante d'elle-même. Rien de bien sérieux n'est non plus tenté en matière d'associations technologiques, malgré des promesses vagues de l'administration Bush, au moment où Poutine consentit à l'abolition unilatérale par Washington du traité ABM. De manière à permettre aux Américains d'expérimenter librement le bouclier stratégique antimissiles.

Il faudrait donc inverser d'urgence cette politique, de façon à libérer la Russie de tout souci venu de l'ouest, ce qui permettrait de recentrer son attention sur ses adversaires les plus sérieux de l'Est et du Sud. C'est exactement ce qu'entreprit Henry Kissinger avec la Chine de Mao en 1972, en la libérant de toute pression américaine, et en lui permettant de donner la priorité à la menace soviétique. Ce jour-là, la Guerre froide commençait à être gagnée.

En pesant sur la Pologne et sur la Turquie pour qu'elles s'entendent de mieux en mieux avec Moscou, en imposant un profil plus bas aux nationalismes letton et estonien, en encourageant chez les dirigeants ukrainiens et géorgiens une plus grande bonne volonté envers leur interlocuteur naturel russe, et enfin en considérant le problème tchétchène avec moins de complaisance envers le terrorisme et la barbarie, l'Occident tout entier lèverait pour de bon l'hypothèque russe et permettait dans la foulée l'isolement politique définitif des nationalistes autoritaires et antimondialistes encore actifs au Kremlin, qui furent les auteurs véritables de la stratégie de casse (ou de la casse !) de Youkos.

La bombe iranienne est hélas une vraie bombe. Ce qui rend la levée de l'hypothèque iranienne sans doute plus délicate. Mais si l'on fait le bilan exact des intérêts géopolitiques véritables de Téhéran, on constatera que l'intervention américaine dans la guerre antiterroriste a pour l'instant grandement amélioré, et sans sacrifice aucun des mollahs, la position de l'Iran, notamment face à ses deux adversaires retors qu'étaient l'Irak sunnite et baassiste et le Pakistan militaire et semi-intégriste. À Kaboul comme à Bagdad (qui ont fait partie autrefois du grand Iran), règnent aujourd'hui des amis proches, Ibrahim Jaafari et même Hamid Karzaï, qui sait que l'Iran lui garantit la loyauté des 40 % de Tadjiks persanophones du Nord et de l'Ouest, lesquels forment avec les Pathans de l'Est l'essentiel de l'Afghanistan. L'ombre portée de Téhéran s'étend même ainsi jusqu'à Damas, jusqu'à Beyrouth, et sur l'autre rive du golfe Persique, à Bahrein comme à Dubaï. Mais l'Iran peut tout perdre en un instant s'il suit la politique intégriste du nouveau président Ahmadinedjad et de ses acolytes aux mains tachées de sang. On pourrait imaginer un dispositif technique qui contraindrait l'Iran à ralentir sa marche à l'armement nucléaire tout en préservant ses chances à l'avenir, et dans l'immédiat le sortirait entièrement de son isolement. Ce coup de dés est plus délicat à entreprendre mais il en vaut la peine. Condie Rice emmenant George W. Bush à Téhéran pour y passer un bon compromis avec les mollahs les moins fermés rééditerait la geste d'Henry Kissinger, spéculant à bon escient sur l'enterrement inévitable de la Révolution culturelle chinoise, avec quatre bonnes années d'avance sur la chute des maoïstes de la Bande des Quatre.

Une fois le spectre d'une triple alliance Moscou-Téhéran-Pékin conjuré, l'Amérique pourra alors s'occuper sérieusement de la Chine. Mais avec le souci de ne pas aggraver inutilement des rapports de rivalité inéluctable qui s'inscrivent déjà dans la durée, et ne sont en rien incompatibles avec une coopération réaliste. Une identité remarquable s'est d'ores et déjà instaurée. Les États-Unis ont un sujet d'intérêt commun avec la Chine : la hausse beaucoup trop rapide du prix des hydrocarbures dont l'Empire du Milieu sera rapidement la première victime. Sans doute la tendance autarcique ultranationaliste de Pékin imagine contourner à l'aide d'accords privilégiés bilatéraux la hausse orchestrée par Vénézuéliens et Saoudiens dans le cadre de l'OPEP. Mais les Chinois se tromperaient lourdement en pensant faire varier pendant longtemps le prix du marché. Par conséquent la véritable politique chinoise à long terme, et même tout de suite, serait d'entamer une concertation avec l'Amérique et l'Inde pour diminuer la demande d'hydrocarbures (meilleure productivité intérieure chinoise grâce notamment à Taïwan, accélération d'un programme nucléaire civil très ambitieux avec les aides du Japon et des États-Unis), et diversifier le plus possible l'offre, sans jouer la rivalité permanente avec l'Amérique. Cela dit, l'Amérique peut bien abandonner une Corée du Sud ingrate et politiquement inepte aux embrassades de Pékin, pourvu que la sécurité militaire de Taïwan demeure garantie. Et ainsi reconnaître sans ambages le rôle hégémonique de la Chine en Asie du Sud-Est, à condition pour cette dernière de respecter trois accords fondamentaux :

1 - Ne pas abuser de sa puissance, mais chercher la réconciliation avec un Vietnam qui demeure la grande base économique du Japon sur le continent asiatique.

2 - Combattre sans finasser les islamistes du Xinjiang à l'Indonésie, ce qui correspond parfaitement tant aux aspirations des colons de l'Ouest du pays qu'à celles des communautés chinoises d'Asie du Sud-Est.

3 - Couper les liens malsains qui unissent les services secrets chinois et pakistanais, rejoindre les États-Unis dans une même politique de réconciliation indo-pakistanaise.

En échange, aucun obstacle ne doit être mis sur la route de la puissance chinoise dès lors qu'elle respecte ses engagements. Évidemment, une politique d'assainissement financier aux États-Unis, grâce à des hausses raisonnables d'impôts, et une remontée réaliste des taux, doit pouvoir désengluer Washington d'un financement discutable de sa dette publique par la Banque centrale de Chine. L'Empire du Milieu a mieux à faire de ses excédents de balance commerciale que de financer à nouveau les excès antifiscaux du Parti républicain. En échange de quoi la Chine n'obtient que des taux obligataires sur les bons du Trésor américain très inférieurs aux profits escomptables. En un mot, il faut faire passer la classe dirigeante chinoise du stade du Japon de 1929 à celui du Japon keynésien et civiliste de 1950, en lui épargnant, et au reste du monde, l'épreuve du militarisme autarcique et de l'agression chauvine, suivie de la ruine et de l'humiliation. Cela devrait être possible en maintenant des marchés ouverts à l'expansion industrielle de la Chine, ce qui ne peut que renforcer les tendances mondialistes.

L'horizon ainsi dégagé des forces antimondialistes les plus redoutables, l'Amérique ferait bien de jeter un regard plus attentif sur l'hémisphère occidental, qui n'est pas une arrière-cour dépourvue d'intérêt profond, mais bien une vaste puissance industrielle en gestation, en définitive l'équivalent de la Chine de demain, et le potentiel économique et démographique des États-Unis eux-mêmes. La situation est étrangement la même qu'en 1941, au début de la Seconde Guerre mondiale. Trois alliés solides des États-Unis, le Mexique rooseveltien de Cardenas, très à gauche sur le plan intérieur, le Brésil plus conservateur, mais devenu résolument antifasciste, de Vargas, et le Chili gouverné lui aussi par la gauche radicale (au sens français dans la IIIe République) associée aux socialistes. Aujourd'hui c'est évidemment le Brésil qui est le plus à gauche, et le Mexique plus conservateur, tandis que le Chili demeure attaché à la gauche modérée, mais le constat est le même. Ces puissances, sans s'identifier aux causes américaines de manière aveugle, souhaitent la victoire de la mondialisation libérale et de la démocratie. Elles sont désireuses d'un bon compromis avec Washington.

En face, dans les années 1940, les puissances sympathisantes de l'axe italo-allemand-franquiste étaient alors l'Argentine qui allait devenir péroniste, la Bolivie du MNR social-fasciste, et bien sûr le Venezuela du tyran Gómez, admirateur de Franco, tout comme Chavez aujourd'hui admire Castro. Ici aussi, l'Amérique se doit de faire confiance au Brésil, et d'intégrer sans cesse davantage le Mexique, l'Amérique centrale, et demain tout l'axe andin depuis la Colombie jusqu'à la Bolivie. L'isolement politique des trublions par les États-Unis et la diffusion des bonnes pratiques libérales et démocratiques, par le Mexique vers Cuba, par le Brésil vers l'Argentine, l'Uruguay et le Venezuela, par le Chili vers le monde inca (Pérou, Équateur, Bolivie) devrait permettre d'avancer. Non sans mutation qualitative de la politique américaine au sud de son hémisphère, et surtout réticence des États-Unis à employer la force avant d'y être apparemment et clairement contraints. Il serait souhaitable que Chavez tombe comme un fruit pourrissant, après Castro lui-même, et d'une manière telle que tous puissent percevoir la faillite économique où il aura mené son pays.

Restera alors à traiter le troisième scénario (le Califat), auquel nous pensons tous en ces jours de reprise des attentats. Trois conseils me semblent ici utiles. Tout d'abord, comme dans une plaie infectée, isoler les parties saines du centre tuméfié. Le Maghreb, l'Iran et l'Afghanistan, la Turquie, l'Azerbaïdjan et la Turkménie ont tout pour devenir des espaces régionaux intégrés, tournés vers l'Europe et le vaste monde, et potentiellement démocratiques, car ils sont déjà tous réellement pluralistes. Ensuite consolider par des accords de paix, des pressions, et le cas échéant une aide militaire, le centre pragmatique qui se dégage du chaos du Machrek. Celui-ci repose aujourd'hui sur des pouvoirs chiites apaisés en Irak et au Liban, alliés à l'aile modernisatrice du pouvoir syrien, à la famille hachémite au pouvoir en Jordanie et à l'actuelle Autorité palestinienne, qu'il faut dégager au plus vite de son conditionnement par l'islamisme égyptien.

Car il faut comprendre que face à un islamisme égyptien et saoudien ultrasunnite, un bloc de toutes les minorités religieuses-chiites, druzes et chrétiennes, depuis Gaza jusqu'à Bagdad, peut s'allier avec tous les libéraux et les pragmatiques laïques de la région et mettre en échec les tentations de la violence. Restera alors la troisième étape. Celle-ci, la plus douloureuse de toutes, consistera à considérer d'un œil totalement froid la politique réelle des trois États candidats au Califat, et qui se trouvent être sur le papier les principaux alliés d'antan des États-Unis. Le Pakistan, virtuellement depuis sa fondation en 1947, et jusqu'à la fin de la guerre afghane en 1989, fut le partenaire officiel des États-Unis dans toutes ses guerres. L'Arabie saoudite, quasiment dès l'entrée en scène du consortium pétrolier de l'Aramco depuis 1931 et sans aucun doute depuis les accords Ibn Saoud-Roosevelt de 1945, connut une sorte de protectorat bienveillant des Américains. L'Égypte, depuis la conclusion de la paix avec Israël de 1977, devint le principal allié arabe de Washington. Et pourtant la « mère de toutes les batailles » est bien là, et nulle part ailleurs. La solution politique évidente est bien sûr de favoriser dans ces trois grands pays le changement de système politique, mais à condition de savoir que celui-ci passera nécessairement par l'affrontement. Entre les laïques, les chiites et les indianophiles pakistanais d'une part et une armée de plus en plus pathane et intégriste, arc-boutée sur sa dissuasion nucléaire et ses certitudes sectaires d'autre part. Entre les islamistes égyptiens et tous ceux qui veulent préserver la liberté et la tolérance de la civilisation du Nil, y compris au Soudan et en Libye. Entre les Saoudiens non wahhabites, acquis au changement et alliés aux meilleurs émiratis, omanais, yéménites, et ceux qui entendent faire du royaume pétrolier l'instrument de la dissolution de notre monde. Le combat aura ses aléas et ses surprises, mais pour peu que l'infection soit jugulée sur place et le consensus des principaux pôles de la planète assurés, l'Amérique sortira une nouvelle fois victorieuse de cette épreuve, à condition toutefois d'avoir appris la nécessaire modestie des forts et le respect sans calcul ni arrière-pensées des autres puissances, qui, comme l'affirme la Déclaration d'indépendance de 1776, ont toutes un même droit à la vie, un même droit au bonheur.

AVANT-PROPOS DU PRÉSIDENT DU CONSEIL NATIONAL DU RENSEIGNEMENT

La carte du monde futur : rapport du projet 2020 du Conseil national du renseignement constitue le troisième rapport déclassifié préparé au cours de ces dernières années, un document de réflexion qui vise à élaborer une vision du futur sur le long terme. Ce document propose un regard neuf sur l'évolution probable des grandes tendances mondiales au cours des quinze années à venir et sur l'influence qu'elles risquent d'exercer sur les événements mondiaux. Conscient de la coexistence de nombreux « futurs » éventuels, notre rapport offre une palette de possibilités et de discontinuités potentielles, une manière d'ouvrir les esprits à des développements qui risqueraient de nous échapper si nous n'y prêtions garde.

Comme je l'ai toujours répété à mes étudiants de Princeton, l'analyse linéaire vous fournira une chenille déjà fortement transformée, mais elle ne saurait vous créer un papillon. Pour arriver au papillon, il faut franchir un pas essentiel, celui de l'imagination. Nous espérons que ce projet et le dialogue qu'il suscite vous aideront à franchir ce pas – non pour prédire le monde de l'an 2020, ce qui dépasse manifestement nos capacités, mais afin de mieux nous préparer aux défis qu'il nous réserve sans aucun doute.

La carte du monde futur repose sur le même *modus operandi* que nos deux précédentes études, en recourant à des démarches et des méthodologies diverses, notamment avec le lancement de consultations approfondies auprès d'un large échantillon d'experts gouvernementaux et non gouvernementaux.

• Le rapport *Tendances mondiales 2010* était issu d'une série de conférences organisées dans le district de Washington, auxquelles avaient assisté des figures éminentes du milieu universitaire et du monde des affaires, dans le cadre d'un échange avec des experts de la communauté du renseignement. Publié en 1997, il constituait la pièce maîtresse d'un ensemble de rapports adressés aux décideurs.

• *Tendances mondiales 2015* se voulait un travail de réflexion ambitieux et novateur, qui a permis d'identifier sept moteurs essentiels du changement mondial : la démographie, les ressources naturelles et l'environnement, la science et la technologie, l'économie mondiale et la mondialisation, la gouvernance nationale et internationale, les conflits du futur et le rôle des États-Unis. Publié en décembre 2000, il se fondait sur des discussions entre le Conseil national du renseignement et une vaste assemblée de spécialistes non gouvernementaux, consultations menées aux États-Unis. *Tendances mondiales 2015* a su éveiller l'intérêt sur le plan international et susciter un débat très animé sur les forces qui modèleront notre monde. Nous avions alors présenté cet outil d'analyse comme « un travail en devenir, un cadre souple pour une réflexion sur l'avenir, que nous mettrons à jour et que nous réviserons au fur et à mesure de l'évolution de la réalité ».

La carte du monde futur reprend ce travail là où *Tendances mondiales 2015* l'avait suspendu, mais cette nouvelle réflexion diffère des précédentes sous trois aspects principaux :

• *Nous avons consulté des experts du monde entier, dans le cadre d'une série de conférences régionales, pour aboutir à une mise en perspective véritablement planétaire.* Nous avons organisé des conférences sur cinq continents, pour recueillir les points de vue de spécialistes de tous pays sur les perspectives de leurs régions respectives à l'orée de ces quinze prochaines années.

• *Nous avons davantage fait appel à des scénarios pour nous efforcer de saisir les interactions que ces tendances dominantes seraient susceptibles de déclencher.* À l'inverse, nos travaux antérieurs restaient plutôt centrés sur des tendances lourdes de nature à exercer leur impact sur des régions et des pays clefs.

Les lignes de force que nous mettons en évidence dans ce document fournissent le point de départ au développement de scénarios qui représentent autant de futurs alternatifs plausibles.

• *Nous avons mis en place un site Internet interactif pour faciliter le dialogue mondial en cours.* Ce site contient aussi toute une série de liens vers une mine de données propres à intéresser les chercheurs comme le grand public.

Depuis son lancement jusqu'à son terme actuel, l'ensemble de ce processus de réflexion aura duré environ un an et impliqué plus d'un millier de protagonistes. Nous leur sommes reconnaissants du temps et de l'énergie qu'ils ont bien voulu consacrer à *La carte du monde futur*. La section Méthodologie de ce rapport rend hommage aux contributions spécifiques de quelques chercheurs et organisations en particulier, et mentionne les nombreuses conférences et tous les symposiums qui se sont tenus en corrélation avec ce projet. Au sein du Conseil national du renseignement, Craig Gralley, directeur des projets stratégiques et des travaux de terrain, mérite une mention toute spéciale pour le pilotage qu'il a pu assurer de dizaines de conférences, d'ateliers et de sessions de planification liés à ce projet. Je voudrais aussi adresser des remerciements tout particuliers à Mathew Burrows, directeur du Groupe d'analyse et de production au NIC, qui, avec une grande créativité, a su agencer avec clarté les éléments disparates du projet dans un document final d'une belle tenue. Au sein de son équipe, Elizabeth Ardens et Russell Sniady ont aussi apporté leur importante contribution à ce travail de mise en forme.

Enfin, j'encourage le lecteur à consulter la collection complète des documents afférant au projet 2020, accessibles sur le site du Conseil national du renseignement, www.cia.gov/nic, et d'explorer les divers scénarios de simulation. Nous persistons à considérer ce projet comme un travail en devenir – un moyen de catalyser le dialogue en cours sur le futur, dans une époque de mutation continuelle des affaires du monde.

ROBERT L. HUTCHINGS

LE PAYSAGE MONDIAL EN 2020

Certitudes relatives

1. Mondialisation largement irréversible, pour un monde probablement moins occidentalisé.

2. Une économie mondiale substantiellement plus vaste.

3. Un nombre croissant d'entreprises de taille mondiale facilite la propagation des nouvelles technologies.

4. La montée de l'Asie et l'avènement de nouveaux poids moyens de l'économie.

5. Des populations vieillissantes au sein de puissances établies.

6. Des gisements d'approvisionnement énergétique suffisants pour répondre à la demande mondiale.

7. Pouvoir grandissant des acteurs non étatiques.

8. L'islam politique reste une force puissante.

9. Capacités accrues des armes de destruction massive de certains États.

10. Un arc d'instabilité qui englobe le Moyen-Orient, l'Asie et l'Afrique.

11. Faible probabilité de voir un conflit entre puissances majeures dégénérer en guerre totale.

12. Des questions environnementales et éthiques encore plus au premier plan.

13. Les États-Unis resteront l'acteur unique le plus puissant sur les plans économique, technologique et militaire.

Incertitudes-clefs

1. La mondialisation tirera-t-elle en avant les économies souffrant de retards de développement ? Dans quelle mesure les pays asiatiques sauront-ils imposer de nouvelles « règles du jeu » ?

2. La profondeur de l'écart entre « nantis » et « laissés-pour-compte » ; la régression des démocraties les plus fragiles ; la gestion et la maîtrise des crises financières.

3. La portée du défi de la connectivité pour les gouvernements.

4. La montée de la Chine et de l'Inde se fera-t-elle en douceur ?

5. L'aptitude de l'Union européenne et du Japon à adapter leur force de travail et leur système de protection sociale et à intégrer leurs populations immigrées ; l'Union européenne deviendra-t-elle une superpuissance ?

6. L'instabilité politique dans les pays producteurs de matières premières ; la perturbation des approvisionnements.

7. La volonté et la faculté d'adaptation des États et des institutions internationales à ces acteurs non étatiques.

8. L'impact des courants religieux sur l'unité des États et leur conflictualité potentielle ; la montée de l'idéologie djihadiste.

9. Les puissances nucléaires moins ou plus nombreuses ; la faculté des terroristes à acquérir des armes biologiques, chimiques, radiologiques ou nucléaires.

10. Les événements accélérateurs conduisant au renversement de certains régimes.

11. La faculté de gérer les situations explosives et la compétition face aux ressources naturelles.

12. La capacité des nouvelles technologies à créer ou à résoudre des dilemmes éthiques.

13. Quels pays défieront ouvertement Washington ? Les États-Unis perdront-ils leur avance scientifique et technologique ?

MÉTHODOLOGIE

Pour lancer le projet NIC 2020, en novembre 2003, nous avons réuni quelque vingt-cinq experts indépendants appartenant à diverses disciplines et issus de milieux divers, pour les inviter à engager un débat des plus ouverts avec certains analystes de la communauté du renseignement. Nous avons invité trois futurologues éminents – Ted Gordon, protagoniste du projet *Objectifs du millénaire (Millenium Project)* des Nations unies, Jim Dewar, directeur du Centre d'étude sur les politiques mondiales du long terme et l'avenir de la condition humaine, mis en œuvre par la RAND Corporation, et Ged Davis, ancien directeur du projet *Scénarios* de Shell International[1] – pour discuter de leurs travaux les plus récents et des méthodologies qu'ils ont employées dans leur réflexion sur le futur. Harold James, historien à Princeton, a prononcé le discours-programme de ces travaux, en s'efforçant de rappeler

1. Shell International Limited s'est appuyé depuis plusieurs décennies sur des scénarios permettant d'identifier les risques et les opportunités industrielles. Ged Davis a dirigé cette équipe de réflexion pendant de nombreuses années.

les leçons à tirer de précédentes périodes de « mondialisation ».

Nous avons passé en revue et étudié diverses méthodologies (voir notre encadré des pages 68-69) et nous avons consulté un certain nombre d'études récentes de prospective. Hormis une rencontre réunissant quelques-uns de nos homologues au Royaume-Uni, au Canada, en Australie et en Nouvelle-Zélande, pour nous tenir informés de leur réflexion, nous avons organisé six conférences régionales dans des pays situés sur quatre continents – une au Royaume-Uni, en Afrique du Sud, à Singapour et au Chili, deux en Hongrie. Notre but était de recueillir les points de vue d'experts étrangers d'obédiences diverses. Tous, universitaires, acteurs des milieux d'affaires, fonctionnaires gouvernementaux, membres d'organisations non gouvernementales et d'autres institutions, étaient en mesure de s'exprimer avec compétence sur les moteurs principaux du changement et de conceptualiser des thèmes régionaux sur un horizon étendu. Nos experts régionaux ont aussi apporté leur précieux éclairage sur la manière dont le monde perçoit les États-Unis. En plus de ces conférences qui se sont tenues un peu partout hors des États-Unis, et qui ont réuni des centaines de participants de tous les pays, nous avons organisé un colloque dans la région de Washington, consacré à l'Inde.

Nous avons étoffé ces débats par des conférences et des ateliers destinés à approfondir davantage certains sujets, notamment les nouvelles technologies, le changement de nature de la guerre, les politiques identitaires, la question des sexes, le changement climatique et bien d'autres (pour consulter la liste complète de ces conférences, voir notre encadré des pages 64-65). Les participants ont exploré les tendances majeures présentées par certains experts et, sur cette base, ils ont ensuite développé des scénarios alternatifs sur l'influence de ces grandes tendances au cours des quinze prochaines années. Enfin, nous avons sollicité un grand nombre d'organisations et d'individus sur les aspects essentiels de cette étude, ainsi que sur les méthodologies et les démarches de cette réflexion sur l'avenir.

• Le projet *Objectifs du millénaire* des Nations unies – un organe indépendant qui conseille cette organisation sur les stratégies censées permettre d'atteindre les objectifs de développement du projet – nous a fourni de précieuses données sur l'imbrication de certaines réalités. Nous avons aussi consulté Eurasia Group, Oxford Analytica, CENTRA Technologies et le Stimson Center.

• Parmi les autres spécialistes universitaires sollicités, mentionnons Michael F. Oppenheimer, président de Global Scenarios, qui a su faciliter certaines de nos sessions et alimenter notre réflexion sur la méthodologie ; John Ikenberry, anciennement professeur à Georgetown, qui enseigne désormais à Princeton, a organisé plusieurs séminaires d'experts universitaires sur plus d'un an pour examiner divers aspects de la prééminence américaine et mener la critique des premières moutures du rapport ; Enid Schoettle, qui fut l'une des architectes de *Tendances mondiales 2015* ; le professeur Barry Hughes, faculté de troisième cycle d'études internationales, université de Denver, Colorado, dont les travaux statistiques et les scénarios en ce domaine sont repris sur notre site Internet ; Anne Solomon, conseiller senior sur les politiques technologiques et directrice du programme *Biotechnologie et politiques publiques* du Centre d'études internationales et stratégiques de Washington, qui a organisé plusieurs conférences passionnantes sur des thèmes liés aux sciences et techniques ; Elke Matthews, consultante indépendante qui a mené d'importantes recherches en libre accès ; Philip Jenkins, professeur émérite d'histoire et d'études des religions, université d'État de Pennsylvanie, qui a su apporter de précieux éclairages sur les tendances mondiales touchant à la religion ; Nicholas Eberstadt, de la chaire Henry-Wendt en économie politique, au sein de l'Institut américain de l'entreprise, qui nous a fourni d'importantes mises en perspective sur les questions démographiques ; et Jeffrey Herbst, président du département de sciences politiques, université de Princeton, qui a été déterminant dans notre analyse des questions relatives à l'Afrique.

Projet NIC 2020 : conférences et ateliers

Présentation par le Centre bilatéral de la doctrine et des concepts (ministère de la Défense/Royaume-Uni) – siège de la CIA (septembre 2003)

Conférence sur l'antiaméricanisme – Wye Plantation (octobre 2003)

Conférence inaugurale sur le projet NIC 2020 – Washington (novembre 2003)

Série de tables rondes internationales organisées par le professeur Ikenberry – université de Georgetown (novembre 2003-novembre 2004)

Conférence de hauts fonctionnaires du renseignement États-Unis-Commonwealth – Washington (décembre 2003)

Table ronde des experts de l'Afrique – Washington (janvier 2004)

Atelier Moyen-Orient NIC 2020 Workshop – Wilton Park, Royaume-Uni (mars 2004)

Atelier Afrique NIC 2020 – Johannesburg, Afrique du Sud (mars 2004)

Évolution mondiale des biotechnologies à double usage – Washington (mars 2004)

Atelier Russie et Eurasie NIC 2020 Workshop – Budapest, Hongrie (avril 2004)

Atelier Europe NIC 2020 – Budapest, Hongrie (avril 2004)

Table ronde sur l'identité mondiale – siège de la CIA (mai 2004)

Atelier Asie NIC 2020 – Singapour (mai 2004)

Conférence sur le Changement de nature de la guerre – Centre d'analyses des affaires navales (mai 2004)

Atelier Amérique latine NIC 2020 – Santiago, Chili (juin 2004)

Frontières technologiques, Puissance mondiale, Richesse et Conflit – Centre d'études stratégiques et internationales (CSIS) (juin 2004)

Changement climatique – université du Maryland (juin 2004)

NSA Tech 2020 – Baltimore, Maryland (juin 2004)

Conférence sur les musulmans en Europe – Oxford, Royaume-Uni (juillet 2004)

Les femmes en 2020 – Washington (août 2004)

Table ronde sur les Chefs de file du monde des affaires – siège de la CIA (septembre 2004)

L'Inde et la géopolitique en 2020 – Rosslyn, Virginie (septembre 2004)

Tables rondes scénarios, financées par le Centre Stimson – Washington (printemps-été 2004)

Information et communications, cohésion technologique et sociale et État-nation – Washington (septembre 2004)

Atelier de synthèse du projet NIC 2020 – Virginie (octobre 2004)

Consultation sur la version préliminaire du rapport NIC 2020 Draft avec des experts du Royaume-Uni et de l'Institut international d'études stratégiques – Londres, Royaume-Uni (octobre 2004)

• Les organisations suivantes ont pris en charge les conférences régionales du projet : Wilton Park, l'Université centrale européenne, le Bard College, l'Institut sud-africain des affaires internationales, l'université Adolfo-Ibañez, Nueva Mayoría et l'Asia Society. Timothy Sharp et le professeur Ewan Anderson, de Sharp Global Solutions Limited, ont organisé la conférence des experts du Royaume-Uni qui s'est tenue à Londres pour évaluer la première version du rapport.

• Nous souhaitons aussi remercier nos collègues américains de la communauté du renseignement, qui nous ont fourni des données utiles et qui ont partagé leurs idées sur les tendances planétaires.

Développement des scénarios

Si les projections en ligne droite sont utiles pour établir une base de travail et énoncer un scénario d'ensemble, elles présentent en règle générale une vision unidimensionnelle des évolutions futures, et tendent à focaliser l'attention de façon exclusive sur la « prédiction ». Nos scénarios offrent une vision plus dynamique de ces futurs possibles, et se concentrent sur leurs interactions sous-jacentes, susceptibles de revêtir une signification politique particulière. Ils sont surtout utiles à la réflexion sur l'avenir en périodes de grande incertitude, ce que nous estimons être le cas de ces quinze prochaines années. Ils aideront les décideurs à rompre avec la pensée conventionnelle et les hypothèses les plus élémentaires, pour favoriser la prise en considération d'un plus large éventail de possibilités – non sans tenir compte des risques et des opportunités.

Les six ateliers internationaux ont livré une énorme quantité de données et d'analyses sur les principaux éléments moteurs des mutations régionales à l'échéance 2020. L'équipe du projet NIC 2020 a mené des recherches complémentaires, publié des ébauches de mémoires et lancé des tables rondes et des conférences de suivi. Nous avons analysé les conclusions de ces ateliers et mis en évidence les tendances régionales fondamentales comportant des incidences planétaires. Nous avons examiné la totalité de ce matériau géographiquement plus circonscrit, pour cerner des tendances dominantes à l'échelon transrégional. Enfin, ces conclusions primordiales ont été gardées en réserve pour servir de base au développement de nos scénarios planétaires.

Pour lancer leur élaboration, l'équipe du projet NIC 2020 a créé un Groupe de pilotage scénarios (SSG). Ce petit ensemble composé de membres respectés de la communauté des politiques, de « think tanks » et d'analystes du monde du renseignement a pu examiner les synthèses des données collectées. Elles lui ont permis d'envisager des concepts scénaristiques tenant compte de l'interaction entre certaines composantes déterminantes du changement mondial. Le SSG a examiné la production de ces ateliers internationaux et exploré les prémices de scénarios auxquels ils ont donné lieu, afin d'évaluer leur plausibilité et leur pertinence politique.

Nous avons étudié avec attention des travaux fondamentaux de prospective menés dans le secteur public et dans le secteur privé qui recouraient eux aussi aux techniques du scénario. Nous avons retenu les meilleurs de ces exercices, avant d'élaborer notre propre démarche en combinant l'analyse de tendance et la méthode du scénario. Parmi les études qui ont influencé notre travail, citons les travaux de Goldman Sachs, du ministère britannique de la Défense et de Shell International (voir notre encadré des pages 68-69).

Scénarios et travaux de prospective qui ont influencé notre réflexion

Nos consultations auprès de Ged Davis, ancien directeur du groupe de prospective de Shell International, nous ont conforté dans notre intention de développer des réflexions destinées aux décideurs politiques. Tous les trois ans, Shell élabore de telles anticipations planétaires pour aider ses dirigeants à prendre de meilleures décisions. Dans le prolongement de cette recherche initiale, l'équipe de Shell consacre environ une année à mener des interviews et à tenir des ateliers pour développer et finaliser ces études. Tout au long du processus, le groupe cherche à préserver l'équilibre entre la réflexion non conventionnelle et la plausibilité. Nous avons appliqué une démarche similaire. Nous avons aussi tiré profit de consultations auprès d'autres organisations, qui mènent elles aussi des travaux de prospective semblables :

Le **Centre bilatéral de doctrine et de conception**, partie intégrante du ministère de la Défense du Royaume-Uni, a entrepris un travail ambitieux pour élaborer une vision cohérente de l'évolution probable du monde au cours des trente prochaines années. Il s'est surtout attaché à isoler des tendances susceptibles de porter atteinte à la sécurité du Royaume-Uni. Ce projet – *Tendances stratégiques* – a été conçu pour aider le ministère de la Défense britannique à se forger une analyse stratégique des menaces, des risques, des défis et des opportunités du futur.

Pour sa part, le rapport *Méta-analyse de documents : lignes de force et tendances*, publié par l'Agence d'évaluation et de recherche des politiques de défense du Royaume-Uni, passe en revue une cinquantaine d'études prospectives.

La **RAND Corporation** – en parallèle avec un travail, cofinancé par le NIC, de mise à jour de sa monographie parue en 2001, *La révolution planétaire : tendances bio/nano/matériaux et leurs synergies avec les technologies informatiques d'ici à 2015* – nous a fourni une ligne directrice. Elle a défini les grandes tendances technologiques et leurs interactions. Elle a identifié des applications capables de transformer l'avenir, assorties de commentaires approfondis sur la base de certaines ébauches. Elle a pu ainsi élaborer des scénarios tournant autour de ces technologies, et susceptibles d'alimenter la réflexion.

Peter Schwartz, président de **Global Business Network** et auteur de *Inevitable Surprises*, nous a apporté de précieuses idées sur la nature de la « surprise », notamment le recours à des idées-force, l'interprétation des idées communes à plusieurs disciplines et l'élaboration de scénarios dans le secteur privé.

Toffler Associates a su nourrir le débat d'idées à plusieurs titres, notamment en association avec le projet de la *National Security Agency Tech 2020* (voir ci-dessous). En outre, Alvin et Heidi Toffler ont participé à notre colloque inaugural, et nous ont fait part de leur conception du futur, ancrée dans leur vaste expérience du terrain.

Le projet de la **National Security Agency (NSA)** – *Tech 2020* – nous a aussi aidé à cerner des mouvements de convergence technologique fondamentaux, dont on peut anticiper l'impact sur la société entre aujourd'hui et 2020. Nous avons repris certaines idées de ce projet et nous sommes reconnaissant à la NSA d'avoir su, au sein de la communauté du renseignement, susciter le dialogue sur les tendances du futur.

Après que ces scénarios eurent été explorés, critiqués et débattus au sein du SSG et avec les autres groupes constitués par le NIC, huit scénarios planétaires particulièrement riches ont été élaborés. Le NIC a ensuite ouvert un atelier de finalisation, composé d'un groupe d'experts plus large. Ce groupe a examiné les huit scénarios, il en a discuté les mérites et les faiblesses, pour réduire à quatre le nombre d'hypothèses intégrées dans le document final. Ces quatre scénarios, repris en détail dans ce livre, ont été sélectionnés en fonction de leur degré de pertinence pour les décideurs politiques. S'ils nous amènent à remettre en question certaines suppositions fondamentales sur l'avenir, ils n'essaient pas de le prédire. Et ils ne s'excluent pas non plus les uns les autres.

Outils interactifs

Nouveauté significative, le projet NIC 2020 emploie aussi des technologies informatiques et des outils analytiques qui n'étaient pas disponibles lors des éditions précédentes du NIC. La portée et le champ planétaires du projet exigeaient que nous nous engagions dans un dialogue sur le futur qui soit ininterrompu à l'échelon mondial. Avec l'aide de CENTRA Technologies, nous avons créé un site Internet interactif dont l'accès est protégé par un mot de passe. Ce site sert de réceptacle aux articles de commentaires et aux comptes-rendus des ateliers. Il propose aussi des liens vers un immense réservoir de bases de données, où puiser références et analyses. Enfin, il contient des outils interactifs, qui permettent à nos experts, tant aux États-Unis qu'en dehors, de créer des simulations informatiques interactives. Ces outils permettent aussi bien aux novices qu'aux spécialistes de développer leurs propres scénarios[1]. L'essentiel de ces matériels, notamment ces « Boîtes Internet pour scénarios empiriques », a été transféré vers le site déclassifié du NIC, ouvert à tous, en même temps que la mise en ligne publique de ce rapport.

---

1. Pour accéder à ces outils innovants, surfez sur le site du NIC : www.cia.gov/nic.

RÉSUMÉ

À aucun moment, depuis la formation du système du pacte Atlantique en 1949, la forme et la nature des alliances internationales n'ont connu une telle phase de fluctuation. La fin de la Guerre froide a mis en œuvre une tectonique des plaques, mais les répercussions provoquées par ces événements capitaux n'ont pas encore atteint leur pleine ampleur. Les puissances émergentes en Asie, le retranchement de l'Eurasie, un Moyen-Orient en ébullition et les divisions transatlantiques figurent parmi les problèmes récemment apparus au grand jour, ces dernières années. Au-delà de sa spécificité, c'est véritablement la magnitude et la vitesse du changement induit par une planète en phase de mondialisation qui constitueront le trait dominant du monde de l'an 2020. Retenons aussi quelques traits fondamentaux de ce monde futur : la montée des nouvelles puissances, de nouveaux défis pour les modes de gouvernement et un sentiment d'insécurité omniprésent, compte tenu du terrorisme. Lorsque nous dressons la carte du futur, les perspectives d'accroissement de la prospérité mondiale et la faible probabilité d'un conflit entre puissances de premier plan créent un environnement général favorable face à des défis qui n'en restent pas moins inquiétants. **Le rôle des États-Unis constituera une variable importante dans ce modelage du monde futur. En effet, il influera sur le choix de la voie que décideront d'emprunter les différents acteurs, tant étatiques que non étatiques.**

De nouveaux acteurs mondiaux

L'émergence vraisemblable de la Chine et de l'Inde, ainsi que d'autres nations, au rang de nouveaux acteurs mondiaux majeurs – montée en puissance comparable à celle de l'Allemagne unifiée au XIXe siècle et des États-Unis au début du XXe – transformera le paysage géopolitique. Son impact sera potentiellement tout aussi spectaculaire que celui de ces deux nations sur les deux derniers siècles écoulés. De la même manière que les commentateurs évoquent les cent années écoulées comme le « siècle américain », le XXIe siècle sera peut-être perçu comme la période où l'Asie, conduite par la Chine et l'Inde, entrera dans son siècle. Dans ces deux grandes nations, la combinaison d'une croissance économique soutenue, de capacités militaires en expansion et de populations nombreuses constituera le socle d'une croissance attendue en forte accélération, tant sur le plan économique que sur le plan politique.

• La plupart des prévisions indiquent que le produit intérieur brut (PIB) de la Chine en 2020 dépassera celui des puissances économiques occidentales, à l'exception des États-Unis. Le PIB de l'Inde aura dépassé ou sera sur le point de surclasser celui des économies européennes.

• Du simple fait du poids de leurs populations, la Chine et l'Inde – avec des projections évaluées par le Bureau de recensement américain à respectivement

1,4 milliard et 1,3 milliard d'ici à 2020 – n'auront pas besoin de voir leur niveau de vie approcher les niveaux occidentaux pour devenir des puissances économiques de premier plan.

À moins d'une inversion brutale du processus de mondialisation ou d'un soulèvement majeur dans l'un de ces deux États, la montée de ces nouvelles puissances est une quasi-certitude. Pourtant, la manière dont la Chine et l'Inde exerceront leur pouvoir croissant et la question de la nature de leurs relations sont autant d'incertitudes déterminantes qui subsistent. Pencheront-elles vers la compétition ou vers la coopération avec d'autres puissances, dans le cadre du système international ? Les économies des autres pays en voie de développement, comme le Brésil, pourraient passer devant celles de la quasi-totalité des grands pays européens d'ici à 2020. Et l'économie indonésienne risque aussi de se rapprocher des économies de certaines nations européennes d'ici à cette date.

À bien des égards – taille du marché, monnaie unique, main-d'œuvre hautement qualifiée, gouvernements démocratiques et stables, et bloc d'échanges commerciaux unifié –, une Europe élargie sera en mesure d'accroître son poids sur la scène internationale. La force de l'Europe devrait résider dans sa capacité à proposer aux puissances montantes un modèle de gouvernance mondiale et régionale. Mais une pyramide démographique vieillissante et une population active en voie de contraction dans la plupart des pays qui composent cet ensemble élargi exerceraient un impact important sur le continent européen. Soit les membres de l'Union européenne adaptent leur main-d'œuvre, réforment leur système de protection sociale, leur éducation et leurs systèmes fiscaux, et accueillent des populations immigrées en volume croissant (en provenance surtout des pays musulmans), soit ils seront confrontés à une longue période d'immobilité économique.

Le Japon fait face à une crise du vieillissement similaire, qui pourrait entraver son rétablissement économique à plus long terme. Qui plus est, l'archipel nippon sera aussi mis au défi de réfléchir à son statut et à son rôle régional. Tokyo risque de devoir choisir entre sa volonté de contrebalancer le poids de la Chine et la tentation de monter dans le train en marche. En revanche, au cours des quinze prochaines années, la crise avec la Corée du Nord trouvera vraisemblablement une issue. Les rancœurs et les inquiétudes durables de l'Asie par rapport à la réunification de la Corée et aux tensions dans le détroit de Taïwan s'orientent plutôt vers un processus de résolution compliqué, visant à l'instauration d'un équilibre régional.

La Russie détient tout le potentiel nécessaire pour rehausser son rôle international, en raison de sa forte position d'exportateur de pétrole et de gaz. Pourtant, elle affronte une grave crise démographique, résultant d'un faible taux de natalité, d'un système de santé médiocre et d'une épidémie de sida potentiellement explosive. Au sud, la Russie est limitrophe d'une région instable, avec le Caucase et l'Asie centrale, instabilité dont les effets continueront certainement de déborder et de se propager sur le territoire russe. Si ces facteurs politiques et sociaux limitent la portée de son rôle d'acteur mondial majeur, Moscou restera probablement un partenaire important pour les deux grandes puissances actuelles, les États-Unis et l'Europe, et pour les puissances montantes que sont la Chine et l'Inde.

Avec ces acteurs mondiaux et quelques autres nouveaux protagonistes planétaires, **notre cartographie mentale du monde de 2020 va connaître un changement radical.** Les puissances « arrivistes » – la Chine, l'Inde, et peut-être quelques autres, comme le Brésil et l'Indonésie – détiennent le potentiel nécessaire pour rendre obsolètes les vieilles catégories d'Est et d'Ouest, de Nord et de Sud, de pays alignés et non alignés, développés ou en voie de développement. Les groupages géographiques traditionnels vont progressivement perdre de leur pertinence dans les relations internationales. Par conséquent, un monde découpé en États et un monde de mégapoles, reliés par des flux de télécommunications, de marchandises et de masses financières sont appelés à coexister. La compétition pour le gain des allégeances sera plus ouverte, moins figée que par le passé.

L'impact de la mondialisation

Nous voyons la mondialisation – une interconnexion croissante qui se reflète dans des flux élargis d'informations, de technologie, de capitaux, de biens et de services, et d'individus à chaque point de la planète – **comme une « mégatendance » fondamentale. Il s'agit là d'une force si omniprésente qu'elle va modeler de façon substantielle toutes les tendances dominantes du monde de 2020.** Mais l'avenir de la mondialisation n'est pas fixe ; des acteurs étatiques et non étatiques – y compris des entreprises privées et des ONG – vont être à la lutte pour en tracer les contours. Certains aspects de la mondialisation – comme l'interconnexion mondiale sans cesse croissante découlant de la révolution des technologies de l'information (IT) – seront très certainement irréversibles. Pourtant, il est aussi possible, quoique peu probable, que ce processus soit ralenti ou même stoppé, à l'instar de la période de mondialisation de la fin du XIXe siècle et du début du XXe, qui a vu son cours inversé par une guerre catastrophique et une dépression mondiale.

Si l'on écarte un tel renversement, **l'économie mondiale va certainement continuer de croître de façon impressionnante : d'ici à 2020, on prévoit qu'elle se sera renforcée de 80 % par rapport à l'année 2000, et que le revenu moyen par individu aura augmenté de 50 %.** Naturellement, elle connaîtra des hauts et des bas cycliques, des crises à caractère périodique, financières ou d'une autre nature, mais cette courbe fondamentale de croissance sera animée d'un puissant élan. La plupart des pays du monde, tant développés qu'en voie de développement, profiteront des gains de l'économie mondiale. L'Asie peut ainsi compter sur des marchés de grande consommation jouissant de la croissance la plus rapide, avec de plus en plus d'entreprises accédant à la catégorie des multinationales de dimension mondiale et une envergure scientifique et technique consolidée. Elle paraît donc destinée à déloger les pays occidentaux de la place centrale qu'ils occupent dans la dynamique économique internationale – à condition que la croissance économique rapide de cette partie du monde continue.

Cependant, les bénéfices de la mondialisation ne seront pas mondiaux. Les puissances montantes verront l'exploitation des opportunités offertes par un marché planétaire en phase d'émergence comme le meilleur moyen d'affirmer leur statut de grande puissance sur la scène mondiale. En revanche, aujourd'hui, certains protagonistes, au sein du « premier monde », sont tentés de voir l'écart qui se resserre avec la Chine, l'Inde et d'autres pays, comme la preuve d'un déclin relatif, même s'il est vraisemblable que les anciennes puissances resteront les chevaux de tête du monde de 2020. Les États-Unis verront eux aussi leur relative position de puissance s'éroder, mais, en 2020, ils demeureront la nation la plus importante, et ce dans toutes les dimensions de celle-ci. D'autre part, dans le monde des pays en voie de développement, ceux qui resteront en retard risquent de prendre ombrage de la montée de la Chine et de l'Inde, surtout s'ils se sentent pressurés par la domination croissante de ces deux géants dans certains secteurs clefs du marché mondial. Enfin, de vastes poches de pauvreté persisteront, même dans les pays « gagnants ».

Les plus gros avantages de la mondialisation iront aux pays et aux groupes qui peuvent accéder aux nouvelles technologies et les adopter. En fait, le niveau de réussite technologique d'un pays donné se définira, en règle générale, en fonction de ses investissements dans *l'intégration et l'application* des nouvelles technologies accessibles à l'échelle mondiale – qu'il s'agisse de technologies acquises à travers la recherche fondamentale ou auprès d'entités leaders. On assiste déjà à des flux bidirectionnels de matière grise dans le domaine de la high-tech entre le monde en voie de développement et l'Occident. On constate aussi qu'une part sans cesse croissante de la population active, dans certains pays en voie de développement, a su acquérir des connaissances informatiques. Enfin, les efforts consentis par certaines entreprises de taille mondiale pour diversifier leurs activités dans le domaine du high-tech alimenteront la propagation de ces nouvelles technologies. Les percées dans ce secteur – notamment les progrès sur les organismes génétiquement modifiés et une production alimentaire en augmentation – pourraient fournir un filet de sécurité susceptible d'éliminer la menace de la faim dans le monde et d'améliorer fondamentalement la qualité de la vie dans les pays pauvres. Mais l'écart entre les nantis et les laissés-pour-compte grandira, à moins que les pays laissés pour compte ne mènent des politiques de soutien à l'application de ces nouvelles technologies – à travers des méthodes de gouvernement rationnelles, l'instruction pour tous et des réformes de leur marché intérieur.

Ceux qui, parmi ces pays-là, mèneront de telles politiques pourraient brûler les étapes du développement, sauter certaines phases que d'autres puissances leaders en matière de haute technologie, comme les États-Unis et l'Europe, ont été contraintes de franchir pour progresser. **La Chine et l'Inde sont bien placées pour devenir des chefs de file technologiques. Quant aux pays les plus pauvres, ils seront aussi en mesure de profiter de l'effet de levier de certaines technologies largement accessibles, car peu coûteuses, pour alimenter – certes à un rythme moins soutenu – leur propre développement.**

• La prochaine révolution attendue dans le domaine de la haute technologie, supposant une convergence des nano- et des bio-technologies, des technologies de l'information et des matériaux, pourrait encore davantage soutenir les perspectives de la Chine et de l'Inde. Ces deux pays investissent dans la recherche fondamentale sur tous ces champs d'activité et sont bien placés pour acquérir une position de tête dans un certain nombre de secteurs clefs. Concernant certaines de ces technologies, l'Europe risque de rétrograder derrière l'Asie. Dans l'ensemble, les États-Unis restent encore en position dominante, mais ils sont soumis de plus en plus à une forte compétition avec le continent asiatique pour conserver leur avance, et ils risquent fort de perdre du terrain dans certains secteurs.

Les firmes qui accèdent à la dimension mondiale sont de plus en plus nombreuses, et celles qui opèrent sur la scène planétaire seront plus diversifiées, tant par leur taille que par leur origine, et plus orientées vers l'Asie que vers l'Occident. Ces entreprises, en englobant les grandes multinationales actuelles, échapperont de plus en plus au contrôle des États, quels qu'ils soient, et deviendront les acteurs clefs du changement. En effet, elles diffuseront largement la technologie, et favoriseront ainsi une intégration renforcée de l'économie mondiale, en encourageant le progrès économique dans le monde développé. Elles compteront dans leurs rangs un nombre croissant d'entités basées dans des pays comme la Chine, l'Inde ou le Brésil. Si l'Amérique du Nord, le Japon et l'Europe sont susceptibles de continuer de dominer la politique et les institutions financières internationales, la mondialisation revêtira de plus en plus un caractère non occidental. D'ici à 2020, après avoir été longtemps associée à l'américanisation, cette mondialisation pourrait devenir synonyme, au sein des opinions publiques, d'une montée de l'Asie.

Une économie mondiale en croissance verra enfler la demande de nombreuses matières premières, comme le pétrole. Au cours de ces deux prochaines décennies, la consommation totale d'énergie va augmenter d'environ 50 %, – l'expansion de la période 1980-2000 s'élevait à 34 % –, avec une part plus importante fournie par le pétrole. La plupart des experts s'accordent pour estimer que, moyennant des investissements substantiels dans de nouvelles capacités de production, le total des ressources d'énergie sera suffisant pour répondre à la demande mondiale. Toutefois, sur le plan de l'approvisionnement, de nombreuses régions – la mer Caspienne, le Venezuela et l'Afrique occidentale –, toutes comptabilisées dans ces prévisions de production en hausse, comportent aussi des risques politiques ou économiques non négligeables. Les producteurs traditionnels du Moyen-Orient connaissent aussi des situations de plus en plus instables. C'est pourquoi une compétition plus aiguë, alimentée par la demande en ressources, éventuellement assortie d'une rupture majeure des approvisionnements, figure parmi les principales incertitudes.

• Les besoins croissants en énergie de la Chine, de l'Inde et d'autres pays en voie de développement laissent prévoir quelques préoccupations également de plus en plus marquées sur le plan énergétique, susceptibles de modeler leur politique étrangère.

• Quant à l'Europe, sa préférence plus marquée pour le gaz naturel serait à même de renforcer son réseau de relations régionales – comme avec la Russie et l'Afrique du Nord –, étant donné l'interdépendance induite par les livraisons par gazoducs.

De nouveaux défis de gouvernement

L'État-nation continuera d'être la cellule dominante de l'ordre mondial. Toutefois, la mondialisation économique et la diffusion des technologies, surtout des technologies de l'information, soumettront les gouvernements à de nouvelles tensions considérables. Une connectivité sans cesse accrue s'accompagnera d'une prolifération de communautés virtuelles d'intérêt, de nature à compliquer l'aptitude des États à gouverner. En particulier, Internet va aiguillonner la création de mouvements encore plus mondialisés, qui pourraient émerger comme une force puissante sur la scène internationale.

Pour une part, cette pression exercée sur les modes de gouvernement émanera de nouvelles formes de politiques identitaires centrées sur les convictions religieuses. Dans un monde en phase de mondialisation rapide, qui connaît des déplacements de populations, les identités religieuses apportent à leurs adeptes une communauté toute prête. En période de manque, celle-ci sert de « filet de sécurité sociale » – c'est particulièrement vrai pour les populations migrantes. **C'est surtout l'islam politique qui, vers 2020, aura un impact mondial significatif, ralliant des groupes ethniques et nationaux disparates, et peut-être même créant une autorité qui transcendera les frontières nationales.** Une combinaison de facteurs – la poussée de la jeunesse dans les nations arabes, de médiocres perspectives économiques, l'influence de l'éducation religieuse, et l'islamisation d'institutions comme les syndicats, les organisations non gouvernementales et les partis politiques – assurera à l'islam politique la pérennité de son statut de force majeure.

• À l'extérieur du Moyen-Orient, l'islam politique continuera de séduire les immigrés musulmans attirés vers les opportunités d'emploi d'un Occident plus prospère, mais qui ne se sentent pas du tout familiers avec une culture qu'ils perçoivent comme étrangère et hostile.

Des régimes qui ont été capables d'aborder les défis des années 1990 pourraient tout à fait se laisser submerger par ceux des années 2020. Des forces contradictoires seront à l'œuvre : des régimes autoritaires feront face à de nouvelles pressions en vue d'une démocratisation, mais de nouvelles démocraties fragiles manqueront peut-être des capacités d'adaptation nécessaires pour survivre et se développer.

En 2020, la prétendue « troisième vague » de la démocratisation risque de subir un renversement de tendance partiel – c'est surtout vrai dans les États de l'ancienne Union soviétique et de l'Asie du Sud-Est, dont certains n'ont jamais réellement adopté la démocratie. Pourtant, la démocratisation et un plus grand pluralisme pourraient gagner du terrain dans quelques pays déterminants du Moyen-Orient, qui jusqu'ici sont restés exclus du processus à cause de leurs régimes répressifs.

Avec des flux migratoires en augmentation dans plusieurs régions du monde – depuis l'Afrique du Nord et le Moyen-Orient vers l'Europe, depuis l'Amérique latine et les Caraïbes vers les États-Unis, mais aussi de plus en plus fréquemment du Sud-Est asiatique vers les régions de l'hémisphère Nord –, un nombre croissant de pays vont devenir multiethniques. Ils seront ainsi confrontés au défi de l'intégration des immigrés dans le corps social, dans le respect de l'identité ethnique et religieuse des nouveaux arrivants.

Les dirigeants chinois quant à eux, vont faire face à un dilemme : s'adapter dans une certaine mesure aux pressions pluralistes pour relâcher le contrôle politique ou, s'ils s'y refusent, risquer un soulèvement populaire. Pékin devrait poursuivre dans sa « voie asiatique vers la démocratie », ce qui pourrait signifier la tenue d'élections à l'échelon local et un dispositif consultatif au niveau national, le cas échéant avec un parti communiste conservant la maîtrise du gouvernement central.

Avec un système international lui-même soumis à des mutations continues et en profondeur, certaines institutions chargées de la gestion des problèmes planétaires risquent de se retrouver dépassées par ces changements. Ce sont surtout les institutions à ancrage régional qui seront exposées aux menaces transnationales complexes posées par le terrorisme, le crime organisé et la prolifération des armes de destruction massive. Certaines créations de l'après Seconde Guerre mondiale, comme les Nations unies et les institutions financières internationales, risquent de dériver vers l'obsolescence, à moins qu'elles ne s'adaptent aux profonds changements à l'œuvre dans le système mondial, notamment la montée de nouvelles puissances.

Une insécurité omniprésente

En 2020, nous prévoyons d'ores et déjà qu'un plus fort sentiment d'insécurité prévaudra – qui sera autant fondé sur des perceptions psychologiques que sur des menaces réelles. **Alors même que la plus grande partie de la planète se sera enrichie, la mondialisation va ébranler le statu quo en profondeur – en générant d'énormes convulsions économiques, culturelles et, par conséquent, politiques.** Avec l'entrée progressive de la Chine, de l'Inde et d'autres pays émergents dans le flux de l'économie mondiale, des centaines de millions d'adultes en âge de travailler vont devenir disponibles, dans ce qui est appelé à devenir un marché planétaire du travail de plus en plus homogénéisé.

• Cette énorme force de travail – dont une part croissante aura reçu une éducation supérieure – constituera une source attractive et compétitive de main-d'œuvre à faible coût. Simultanément, l'innovation technologique élargira encore davantage la gamme des métiers à mobilité planétaire.

• **La transition ne sera pas indolore, elle frappera tout particulièrement les classes moyennes du monde développé,** en provoquant un renouvellement plus rapide des métiers et en réclamant une véritable capacité de mutation professionnelle. Une délocalisation à grande échelle renforcerait le mouvement antimondialisation. Où mèneront ces pressions ? Cela dépend de la réaction des leaders politiques, de la flexibilité des marchés du travail et du niveau général de la croissance économique, selon qu'elle sera ou ne sera pas suffisamment solide pour absorber des travailleurs en situation de mobilité de plus en plus nombreux.

Des gouvernements faibles, des économies retardataires, l'extrémisme religieux et la poussée de la jeunesse se conjugueront pour créer une dynamique de tempête, une source de conflits éminente dans certaines régions. Le nombre des conflits internes a baissé de façon sensible depuis la fin des années 1980 et le début des années 1990, lorsque la dislocation de l'Union soviétique et des régimes communistes en Europe centrale a permis aux tensions ethniques et nationalistes de s'embraser. Même si un palier de stabilité a été atteint, qui permet de miser sur une diminution du nombre des conflits de ce type par rapport à la décennie précédente, la prédominance persistante d'États instables ou faibles sur le plan institutionnel permet d'affirmer que de tels conflits ne disparaîtront pas.

Certains affrontements intérieurs, en particulier ceux qui concernent des groupes ethniques à cheval sur plusieurs frontières, risquent de connaître une escalade vers des conflits d'échelle régionale. Dans leur version la plus extrême, ces conflits intérieurs pourraient rendre certains États défaillants ou les tenir en échec, avec des portions de territoire et des populations privées de tout contrôle gouvernemental effectif. De telles poches pourraient devenir les sanctuaires de groupes terroristes transnationaux (comme Al-Qaïda en Afghanistan), de mafias du crime ou de cartels de la drogue (comme en Colombie).

La probabilité de voir, au cours des quinze prochaines années, un grand conflit entre puissances dégénérer et provoquer une escalade vers une guerre totale n'a jamais été aussi faible, par rapport au siècle écoulé. La rigidité des systèmes d'alliances antérieurs à la Première Guerre mondiale et durant la période de l'entre-deux-guerres, ainsi que l'impasse des deux blocs durant la Guerre froide présentaient l'assurance quasi automatique de voir les petits conflits locaux se généraliser rapidement. La dépendance croissante vis-à-vis des réseaux financiers et commerciaux mondiaux contribuera à prévenir les conflits entre États, sans en éliminer la possibilité. Si de tels conflits devaient survenir en impliquant une ou plusieurs grandes puissances, les conséquences seraient de taille. L'absence de mécanismes efficaces de résolution des conflits dans plusieurs régions, la montée du nationalisme dans certains États, et les émotions brutes, les tensions à vif de part et d'autre sur une série de questions – par exemple, les difficultés dans le détroit de Taïwan ou le contentieux indo-pakistanais – risqueraient de conduire à des erreurs de calcul. Qui plus est, les progrès des armements modernes – portée et précision balistique accrues, apparition de munitions destructrices – créent des circonstances qui encouragent l'usage préventif de la force.

Les nations disposant de l'arme nucléaire vont continuer d'améliorer la pérennité de leur force de dissuasion. De même, on peut affirmer avec une quasi-certitude qu'elles optimiseront la fiabilité, la précision et la capacité de destruction de leurs systèmes balistiques, tout en développant leurs capacités de pénétration des défenses antimissiles. Qu'un État, quel qu'il soit, se livre ouvertement à une démonstration de ses capacités nucléaires, et c'est tout le système actuel de non-prolifération qui s'en trouvera encore un peu plus discrédité. Cela entraînerait du même coup un possible changement de l'équilibre des forces, en augmentant le risque de conflits susceptibles de donner lieu à une escalade nucléaire. **Certains pays privés d'armes nucléaires – surtout ceux du Moyen-Orient et d'Asie du Nord-Est – pourraient décider de trouver un moyen de s'en doter, dès lors qu'il serait évident que leurs voisins et leurs rivaux à l'échelon régional s'engagent eux aussi dans cette voie.** En outre, l'aide apportée par les promoteurs de cette prolifération réduira encore les délais nécessaires au développement de ces armes nucléaires dans d'autres pays.

La transmutation du terrorisme international

Les principaux facteurs qui ont engendré le terrorisme international ne montreront aucun signe d'affaiblissement au cours des quinze années à venir. Facilité par des systèmes de communication planétaires, le regain de l'identité musulmane créera un cadre d'expansion favorable à l'idéologie islamiste, tant à l'intérieur du Moyen-Orient qu'à l'extérieur, notamment en Asie du Sud-Est, en Asie centrale et en Europe de l'Ouest, où l'identité religieuse n'est traditionnellement pas aussi forte. Ce renouveau s'est accompagné d'une solidarité accrue entre musulmans entraînés dans des combats séparatistes, comme en Palestine, en Tchétchénie, en Irak, au Cachemire, à Mindanao et dans le sud de la Thaïlande. L'islamisme a émergé en réaction à la répression, à la corruption et à l'inefficacité gouvernementales. Des réseaux informels de fondations caritatives, madrasa, *hawala*[1] et d'autres mécanismes continueront de proliférer et seront exploités par des éléments radicalisés. Chez les jeunes au chômage, l'aliénation sociale gonflera les rangs de ceux qui se révéleront les plus vulnérables au recrutement terroriste.

Nous prévoyons qu'en 2020 Al-Qaïda aura été supplanté par des groupes extrémistes d'inspiration islamiste similaires. Il existe donc un risque non négligeable de voir de tels vastes mouvements islamistes fusionner avec des mouvements séparatistes locaux. Les technologies informatiques, en autorisant une connexion, une communication et un apprentissage instantanés, permettront à la menace terroriste de se décentraliser. De plus en plus, les terroristes évolueront sous forme d'une kyrielle de groupes éclectiques, de cellules et d'individus qui n'ont pas besoin de quartiers généraux fixes pour projeter et exécuter des opérations. Les matériels d'entraînement, les conseils sur le choix des cibles, le savoir-faire dans le maniement des armes et la récolte des fonds vont

1. Les *hawala* constituent un système bancaire officieux.

devenir virtuels (autrement dit, s'effectueront en ligne, sur Internet).

Ces attaques continueront de recourir essentiellement à des armes conventionnelles, incorporant de nouveaux développements technologiques et capables de s'adapter sans relâche aux mesures antiterroristes. Le terrorisme fera moins preuve d'originalité dans les technologies ou les armements qu'il utilisera que d'innovation au niveau de ses conceptions opérationnelles. Autrement dit, il fera porter ses efforts sur l'envergure, la conception ou les dispositifs logistiques, et ses attaques témoigneront de cette orientation.

Le grand intérêt que portent les terroristes à l'acquisition d'armes chimiques, biologiques, radiologiques et nucléaires augmente le risque d'une attaque terroriste majeure engagée au moyen d'armes de destruction massive. **Notre plus grande inquiétude serait que des activistes puissent se procurer des agents biologiques ou, hypothèse moins vraisemblable, un engin nucléaire, susceptibles l'un comme l'autre de faire des victimes en masse.** Le bioterrorisme semble particulièrement adapté à des groupes de petite taille, bien informés. Nous nous attendons aussi à ce que ces groupes lancent des attaques cybernétiques visant à perturber des réseaux d'échanges d'informations essentielles et, plus probable encore, à provoquer des dégâts matériels dans les systèmes informatiques.

Futurs possibles

Dans cette époque de profonds changements, les grandes mutations mondiales des quinze prochaines années pourraient revêtir plusieurs formes, depuis une grave mise à l'épreuve du système de l'État-nation jusqu'à l'instauration d'une mondialisation plus vigoureuse et plus diversifiée. Au cœur de cette réflexion, nous avons voulu décliner notre conception de cet avenir en quatre scénarios « fiction », élaborés à partir des grandes tendances de fond abordées dans ce rapport. **Ces scénarios ne sont pas conçus comme de véritables prévisions,** mais ils décrivent des mondes possibles au seuil desquels nous nous trouvons sans doute. En l'occurrence, tout dépendra de la manière dont ces tendances s'affirmeront et s'influenceront mutuellement :

• *Le monde selon Davos* fournit une illustration de la manière dont, au cours de la quinzaine d'années à venir, une croissance économique vigoureuse, emmenée par la Chine et l'Inde, pourrait remodeler le processus de mondialisation. En lui conférant un visage moins occidental, elle transformerait aussi le champ politique.

• *Pax americana* se penche sur la manière dont la prédominance des États-Unis pourra survivre aux changements du paysage politique mondial et contribuer à façonner un nouvel ordre mondial plus diversifié.

• *Un nouveau califat* présente l'exemple d'un mouvement mondial attisé par des politiques identitaires religieuses et radicalisées, susceptibles de constituer un défi pour les règles et les valeurs occidentales en tant que fondements du système mondial.

• *Le cycle de la peur* montre comment les inquiétudes sur la prolifération de certains armements pourraient conduire à la mise en œuvre de mesures de sécurité interventionnistes à grande échelle. Ces mesures de prévention contre le déclenchement d'attaques mortelles risqueraient en retour de jeter les bases d'un monde orwellien.

Naturellement, ces quatre scénarios n'illustrent que quelques futurs possibles qui risquent de se déployer dans le courant des quinze années à venir. Mais la vaste palette des possibles offerts à l'imagination permet d'anticiper une période caractérisée par des mutations de plus en plus fortes, présentant un contraste particulièrement marqué avec l'immobilisme relatif de l'ère de la Guerre froide. Ces scénarios ne s'excluent pas mutuellement : nous pourrions voir trois ou quatre de ces développements prendre forme sous des combinaisons diverses, ou une panoplie plus vaste d'autres hypothèses se développer.

Les implications politiques

Le rôle des États-Unis sera primordial : ils joueront un rôle important dans le façonnement de l'ordre international de l'an 2020. Washington sera de plus en plus confronté au défi de la gestion des relations avec l'Europe, avec l'Asie, le Proche- et Moyen-Orient et d'autres, en l'absence d'une seule et unique menace dominante imposant de dégager un consensus. Malgré le caractère écrasant de ces défis du futur, les États-Unis conserveront d'énormes atouts. Ils joueront un rôle central sur tout le spectre des problèmes mondiaux – économiques, technologiques, politiques et militaires – qu'aucun autre État ne sera en mesure d'égaler en 2020. Parmi les tendances sur lesquelles nous pouvons certainement tabler, citons des alliances et des relations avec l'Europe et l'Asie en profonde transformation, deux fondements de la puissance américaine dans la période postérieure à la Seconde Guerre mondiale. Les États-Unis, et non l'OTAN, deviendront de plus en plus l'institution primordiale pour l'Europe. Le rôle que les Européens se tailleront sur la scène mondiale se déclinera très certainement à travers cette présence américaine. Le traitement de la relation États-Unis-Asie risque indiscutablement d'être plus redoutable pour Washington, en raison de flux d'échanges plus considérables, conséquence de l'accès de deux géants politiques et économiques à une dimension mondiale. Leur essor devra encore s'intégrer pleinement dans l'ordre international. La direction que prendront les relations États-Unis-Asie découlera tout autant ou davantage des accords que les Asiatiques concluront entre eux plutôt que de telle ou telle action décidée par Washington. On pourrait envisager toute une palette d'issues possibles, depuis un renforcement du rôle de contrepoids des États-Unis entre des forces antagonistes jusqu'à une perte progressive d'influence de l'Amérique.

À mesure que la mise en réseau du marché mondial se renforcera, l'économie américaine deviendra plus vulnérable aux fluctuations de fortune des autres puissances. La dépendance américaine à l'égard des approvisionnements extérieurs en pétrole rend les États-Unis plus vulnérables. En même temps, la compétition pour un accès sécurisé à ces sources d'approvisionnements devient de plus en plus vive, et les risques de rupture de flux du côté des pays producteurs augmentent.

Si, avant 2020, aucun pays ne semble en position de rivaliser avec la puissance militaire américaine, d'autres États seront en position de faire payer aux États-Unis un prix très lourd pour toute opération militaire à laquelle ces nations s'opposeraient. La possession d'armes biologiques et/ou chimiques par l'Iran ou la Corée du Nord, et la possible acquisition de telles armes par d'autres puissances avant 2020 accroissent aussi le coût potentiel de toute action militaire entreprise par les États-Unis contre ces pays ou leurs alliés.

Le succès d'une campagne antiterroriste conduite par les États-Unis dépendra des capacités et de la résolution dont fera preuve chaque pays concerné pour lutter contre le terrorisme sur son propre sol. Les efforts de l'antiterrorisme dans les années à venir – contre des variétés de terrorisme plus nombreuses, plus reliées entre elles par l'idéologie que par la géographie – représenteront un défi plus difficile à définir et un objectif plus complexe à atteindre. Il ne suffira plus de se concentrer sur une seule organisation centralisée, comme l'est aujourd'hui Al-Qaïda. **Une stratégie antiterroriste qui aborderait le problème sous plusieurs angles offrirait les meilleures chances de parvenir à contenir une telle menace – pour finalement la réduire.** Le développement de systèmes politiques et de modes de représentation plus ouverts, une gamme plus vaste d'opportunités économiques, et la responsabilisation des réformistes de l'islam seraient perçus de façon positive par les communautés musulmanes au sens large. En effet, ces communautés modérées ne soutiennent pas les visées radicales des extrémistes islamistes.

Même si le nombre des extrémistes diminue, il n'en reste pas moins que la menace terroriste subsistera sûrement. La propagation rapide de supports biologiques et d'autres composantes technologiques mortelles augmente le risque de voir un individu qui ne serait affilié à aucun groupe terroriste se retrouver en position de provoquer de nombreuses pertes en vies humaines. Malgré de probables percées technologiques qui faciliteront la recherche et la détection des terroristes en opérations, l'agresseur aura la tâche plus facile que le défenseur. En effet, ce dernier doit se tenir prêt, face à une vaste panoplie de possibilités. Les États-Unis continueront probablement d'être sollicités dans la gestion de conflits comme en Palestine, en Corée du Nord, à Taïwan et au Cachemire. Ainsi, ils auront l'assurance de ne pas perdre toute maîtrise de la situation dans l'éventualité où un accord de paix serait hors d'atteinte. Toutefois, les scénarios et les tendances que nous analysons dans cette étude suggèrent qu'il sera possible d'exploiter le pouvoir des nouveaux acteurs pour qu'ils contribuent à la sécurité du monde et soulagent les États-Unis d'une partie de cette charge.

Au cours des quinze prochaines années, la place de plus en plus centrale des questions éthiques, anciennes ou nouvelles, aura le potentiel de diviser les opinions mondiales et de mettre à l'épreuve le rôle dirigeant des États-Unis. Ces questions concernent l'environnement et le changement climatique, la sphère de la vie privée, le clonage et les biotechnologies, les droits de l'homme, les règles internationales de régulation des conflits et le rôle des institutions multilatérales. Les États-Unis devront de plus en plus souvent combattre l'opinion publique mondiale, qui a connu une mutation spectaculaire depuis la Guerre froide. Dans une certaine mesure, l'antiaméricanisme actuel est sans doute appelé à refluer, du fait d'une mondialisation qui revêt un aspect sans cesse plus extérieur à l'Occident. En même temps, les dirigeants de la jeune génération – à l'inverse de la période postérieure à la Seconde Guerre mondiale – ne conservent aucun souvenir du rôle de « libérateurs » des États-Unis et, s'agissant de tout un ensemble de réalités, sont plus enclins à s'écarter du mode de pensée de Washington.

En contribuant à dresser la carte du monde futur, les États-Unis auront quantité d'occasions de pousser leur avantage, en particulier en modelant un nouvel ordre international qui intègre des régions disparates et réconcilie des intérêts divergents.

INTRODUCTION

L'ordre international est au milieu du gué. Il subit en effet un profond changement : à aucune autre période, depuis la formation du système de l'alliance occidentale, en 1949, la nature et la forme des systèmes d'alliance à l'échelon international n'ont connu de mutations comparables à celles de la dernière décennie. En conséquence, le monde de 2020 différera de façon notable du monde de 2004 et, dans les années qui séparent ces deux dates, les États-Unis seront confrontés à des défis internationaux majeurs, très différents des défis auxquels ils ont à faire face à l'heure actuelle. L'amplitude et la rapidité mêmes des changements générés par une planète en phase de mondialisation – abstraction faite de la nature du phénomène – constitueront des traits déterminants du monde jusqu'en 2020. Parmi les autres caractéristiques de cette évolution, citons :

— les contradictions de la mondialisation ;

— les puissances émergentes : un paysage géopolitique changeant ;

— de nouveaux défis dans le mode de gouvernement ;

— un sentiment d'insécurité de plus en plus omniprésent.

Comme lors de précédents bouleversements, les graines du grand changement auront été semées dans le sillon de certaines tendances déjà manifestes aujourd'hui. Un certain nombre de ces tendances sont intégrées dans les grandes lignes de force énoncées plus haut, qui se recouvrent et s'influencent mutuellement :

— une économie mondiale en expansion ;

— le rythme accéléré du changement scientifique et la diffusion des technologies à double usage ;

— des inégalités sociales persistantes ;

— des puissances émergentes ;

— le phénomène du vieillissement à l'échelle planétaire ;

— le coup d'arrêt à la démocratisation ;

— une idéologie islamiste radicale en propagation ;

— un terrorisme déclencheur de catastrophes potentielles ;

— la prolifération des armes de destruction massive ;

— des pressions accrues exercées sur les institutions internationales.

Notre enquête sur ces quinze prochaines années nous a permis d'affirmer que le rôle des États-Unis représenterait une variable importante dans la forme que revêtira le monde futur. En effet, l'Amérique influencera les acteurs étatiques et non étatiques dans le choix du chemin que ceux-ci décideront de suivre. En plus de ce rôle pivot des États-Unis, les instances internationales, les grands groupes multinationaux, les organisations non gouvernementales (ONG) et d'autres sont susceptibles d'atténuer certaines évolutions négatives, comme l'insécurité croissante, et de promouvoir d'autres tendances plus positives.

LA CARTE DU MONDE FUTUR

En 2020, notre cartographie mentale du monde sera différente. Les groupes géographiques traditionnels perdront progressivement de leur poids dans les relations internationales. Depuis la fin de la Guerre froide, les chercheurs ont remis en cause l'utilité du concept Est/Ouest, qui avait émergé dans les années 1940 comme une justification intellectuelle de l'engagement américain dans la guerre en Europe. L'Eurasie, en tant que concept destiné à supplanter l'ancienne Union soviétique, a elle-même perdu de sa pertinence. Beaucoup de pays membres de l'ex-bloc soviétique empruntent leur voie propre, et la perspective d'une reprise en main par Moscou semble hautement improbable. L'utilité de l'Ouest comme concept a aussi été battue en brèche par des divisions de plus en plus fréquentes entre les États-Unis et l'Europe occidentale. Ces divisions sont évidemment la conséquence de leurs philosophies respectives de la souveraineté et du multilatéralisme, mais elles tiennent aussi au pouvoir de plus en plus important des puissances non occidentales sur la scène internationale.

Tout comme la division Est/Ouest, la ligne de partage traditionnelle entre Nord et Sud risque de ne plus être un concept très représentatif pour le monde de 2020. Ce sera surtout dû à la mondialisation et à la montée en puissance attendue de la Chine et de l'Inde, considérées comme faisant partie du « Sud » en raison de leur niveau de développement. Les questions traditionnelles des inégalités, du commerce et de l'assistance Nord-Sud vont de plus en plus s'imposer comme des problèmes de premier plan. Toutefois, certains pays en voie de développement et à fort taux de croissance, au premier chef la Chine et l'Inde, compteront probablement parmi les poids lourds économiques, ou feront partie des nantis. Ils ne deviendront pas « occidentaux » pour autant, au sens traditionnel du terme, mais ils ne seront pas considérés non plus comme des pays sous-développés ou encore engagés sur la voie du développement. En particulier, la Chine retrouvera peut-être son statut de grande puissance, après des siècles de déclin.

D'autres divisions, en dehors du champ de l'économie, risquent de modeler notre vision du monde. Nous pensons que la religion, chez beaucoup d'individus, jouera un rôle dans la définition de leur identité. Pour beaucoup de sociétés, les scissions entre groupes religieux, et au sein même de ces groupes, pourraient tracer des frontières aussi marquantes que les frontières nationales. Soulignons surtout les divisions entre chrétiens et musulmans en Asie du Sud-Est, les scissions internes au monde de l'islam, entre communautés chiites et sunnites, et d'éventuelles poches de mécontentement ethnique ou religieux en Europe, en Russie et en Chine, autant de facteurs susceptibles d'occuper une place proéminente à l'horizon géographique 2020.

Il est un concept actuel qui pourrait conserver sa pertinence en 2020. Il s'agit de l'arc d'instabilité ancré en Asie du Sud-Est, où l'on assiste à la montée d'un islam radical et du terrorisme, et qui se prolonge vers l'Asie centrale, une région où nous constatons la présence d'États non démocratiques, en faillite potentielle. Cet arc inclut plusieurs pays d'Afrique et du Moyen-Orient. Certains d'entre eux auront subi une nouvelle régression, et d'autres auront tout juste établi une relation avec l'économie mondiale. Surtout, la mondialisation aura remplacé l'ancienne ligne de partage qui traversait l'Occident industrialisé, l'Est communiste, les pays non alignés, en voie de développement, ou le tiers-monde. En revanche, on assistera à de nouveaux alignements regroupant ces pays, ou même des parties de pays ou des plaques tournantes urbaines qui sont en train d'intégrer la communauté mondiale. En revanche, d'autres nations, pour des motifs économiques, politiques ou sociaux, ne réussiront pas cette intégration. Pour ces plaques tournantes, ces mégapoles qui constituent le moteur de la mondialisation, les flux financiers et les réseaux de télécommunications qu'elles établissent entre elles risquent de compter autant ou davantage que les frontières nationales.

LES CONTRADICTIONS DE LA MONDIALISATION

Dans *Tendances mondiales 2015*, nous rangions la mondialisation dans une panoplie d'éléments moteurs – une interconnexion croissante, que reflétaient des flux élargis d'informations, de technologie, de capitaux, de biens, de services et de personnes. À présent, nous la voyons plutôt comme une « mégatendance » – une force omniprésente qui rejaillira fortement sur les autres lignes dominantes du monde de 2020.

Au cours des vingt dernières années, la mondialisation a connu un élargissement substantiel, du fait de la libéralisation économique en Chine et en Inde, de l'effondrement de l'Union soviétique et de la révolution des technologies de l'information à l'échelle du globe. Au cours des quinze prochaines années, elle soutiendra la croissance économique mondiale, relèvera le niveau de vie général et renforcera l'interdépendance de la planète. Simultanément, presque partout, elle remettra profondément en cause le statu quo – en générant d'énormes convulsions économiques, culturelles, et donc politiques.

Certains aspects de cette mondialisation, comme une interconnexion croissante, produit de la révolution des technologies de l'information, seront probablement irréversibles. La communication en temps réel qui, presque partout, a transformé la politique, est un phénomène que même des gouvernements répressifs auraient du mal à contrecarrer.

• Il sera aussi difficile d'enrayer une interdépendance fortement ancrée, même si le rythme de l'expansion économique mondiale connaît des fluctuations. Cette interdépendance a élargi les champs d'activité géographiques, en permettant à des entreprises plus petites d'investir les marchés transfrontaliers au côté des multinationales, et de proposer des services non marchands dans l'arène internationale.

Et pourtant ce processus, si puissant soit-il, pourrait subir un ralentissement non négligeable, ou même un coup d'arrêt, à l'exemple de la mondialisation de la fin du XIXe et du début du XXe siècle, enrayée par une guerre et une dépression mondiales toutes deux catastrophiques. Certaines caractéristiques associées à la mondialisation des années 1990 – comme la libéralisation économique et politique – demeurent exposées à des à-coups. Elles resteront probablement tributaires de la progression des négociations multilatérales, des améliorations apportées aux méthodes de gouvernement à l'échelon national et à la résorption des conflits. La libéralisation des flux de populations au-delà des frontières se confrontera de plus en plus à des obstacles sociaux et politiques, même lorsqu'un besoin pressant de travailleurs immigrés existe réellement.

À quoi ressemblerait une mondialis

Une Asie émergente continue
marque à la mondialisation, qui
aspect moins *made in USA* et d
Dans le même temps, l'Asie moc
processus. En s'appuyant sur des n
sent une croissance maximale, avec un nombre de plus en plus grand d'entreprises asiatiques acquérant une dimension multinationale et une stature scientifique et technique renforcée, l'Asie semble en passe de détrôner certains pays occidentaux. Elle est en train de devenir l'épicentre du dynamisme économique international – à condition que sa croissance économique se poursuive à un rythme toujours aussi rapide.

Les ministres des Finances des pays de la région ont envisagé d'instaurer un fonds monétaire asiatique, qui interviendrait selon des critères différents de ceux du FMI. Cet organe régional lèverait les freins aux échanges de devises et apporterait aux décideurs asiatiques davantage de latitude par rapport au « consensus macroéconomique appliqué par Washington ».

• En termes de flux de capitaux, une Asie émergente peut encore accumuler de fortes réserves en devises. À l'heure actuelle, on évalue ces stocks monétaires à 850 milliards de dollars au Japon, 500 milliards de dollars en Chine et 120 milliards de dollars en Inde, soit les trois quarts des réserves mondiales – mais le pourcentage de ces réserves détenues en dollars va baisser. Un panier de devises de réserve, comprenant le yen, le renminbi et éventuellement la roupie, va probablement devenir une pratique courante.

• Les décisions prises par les banquiers centraux asiatiques en matière de taux d'intérêt auront un impact sur les autres marchés financiers mondiaux, notamment New York et Londres. Quant aux plus-values générées les places boursières asiatiques, leur pondération sera probablement de plus en plus importante chez les gestionnaires de portefeuilles boursiers.

Alors que les gouvernements attribuent de plus en plus de ressources à la recherche fondamentale et au développement, l'Asie émergente continuera d'attirer les technologies appliquées du monde entier. Ce sera surtout le cas des technologies de pointe, qui devraient doper les secteurs à haute performance. Nous pouvons déjà prévoir que les géants asiatiques utiliseront la puissance de leurs marchés pour fixer leurs propres normes industrielles, au lieu de simplement adopter les standards défendus par les nations occidentales ou les instances réglementaires internationales. Le régime international de gestion des droits de la propriété intellectuelle sera profondément remodelé par la réglementation de ces droits et par les pratiques juridiques de l'Asie de l'Est et du Sud.

La participation accrue de cette population active à la marche de l'économie mondiale, surtout en Chine, en Inde et en Indonésie, exercera d'énormes effets, en déclenchant des mouvements de migration intérieurs et régionaux. Quoi qu'il en soit, cette population active aura un impact important en déterminant la taille relative de ces nouvelles « mégapoles », parmi les plus vastes du globe. Elle agira sans doute comme une variable clef pour la stabilité ou l'instabilité politiques des décennies à venir. Ces vastes migrations internes déborderont sans doute les frontières nationales. À l'heure actuelle, seule une infime fraction des cent millions de Chinois touchés par ces migrations internes finit à l'étranger. Elles pourraient avoir des répercussions majeures dans d'autres régions, notamment en Europe et en Amérique du Nord.

Une identité culturelle centre-asiatique en expansion constituera peut-être l'effet le plus profond d'une

Asie émergente. Les Asiatiques ont déjà limité le pourcentage d'étudiants qui prennent le chemin de l'Europe et de l'Amérique du Nord. Le Japon et – nouveauté plus frappante encore – la Chine deviennent des pôles d'attraction en matière éducative. Une nouvelle identité culturelle asiatique va faire son apparition, et elle connaîtra une certaine diffusion, au fur et à mesure de la croissance des revenus et de l'expansion des réseaux de communication. Les chanteurs pop coréens font déjà fureur au Japon. Les *anime* japonais ont déjà beaucoup de fans en Chine, et les films de kung-fu chinois, ainsi que les comédies musicales à grand spectacle de Bollywood, le Hollywood de Bombay, sont vus dans toute l'Asie. Même Hollywood s'est mis à refléter ces influences asiatiques. Un effet qui va certainement s'accélérer à l'approche de l'an 2020.

Qui plus est, le caractère même de la mondialisation va sûrement évoluer, suivant le modèle du capitalisme, qui a changé au cours des XIXe et XXe siècles. Si les nations les plus avancées – surtout les États-Unis – resteront des forces importantes capables de drainer des capitaux, de la technologie et des biens, il est vraisemblable que la mondialisation, d'ici à 2020, revêtira de plus en plus un aspect non occidental.

• D'ici à cette date, l'essentiel de l'accroissement de la population mondiale et de la demande du consommateur sera centré sur les pays aujourd'hui en voie de développement. Surtout la Chine, l'Inde et l'Indonésie. Les multinationales des pays industrialisés adapteront leur « profil » et leurs pratiques commerciales aux demandes de ces cultures.

• Déjà armées pour largement diffuser et promouvoir le progrès économique dans le monde en voie de développement, les entreprises cherchent à devenir « citoyennes » à leur manière, en favorisant des modes de fonctionnement non occidentaux sur les sites où elles opèrent. De la sorte, ces groupes sont en position de rendre la mondialisation plus acceptable aux yeux des peuples soucieux de préserver la singularité de leur culture.

• Dans les pays renforcés par la mondialisation, des entreprises nouvelles ou en voie d'expansion imposeront leur présence à l'échelle planétaire, grâce à leurs échanges commerciaux et à leurs investissements à l'étranger.

• Les nations qui ont déjà bénéficié du processus, et qui sont désormais en position de peser, réclameront davantage de pouvoir au sein des instances internationales. En fait, elles chercheront à exercer une influence accrue sur les « règles du jeu ».

• Au cours de nos échanges, beaucoup d'experts étrangers ont remarqué que, si les opinions publiques de leurs pays respectifs sont favorables aux avantages matériels de la mondialisation, les citoyens n'en demeurent pas moins fermement opposés à ce qu'ils perçoivent comme une « américanisation ». Ils considèrent en effet qu'elle constitue une menace pour leurs valeurs culturelles et religieuses. L'amalgame entre la mondialisation et les valeurs nord-américaines a pu ainsi alimenter en retour l'antiaméricanisme dans certaines régions du monde.

À l'heure actuelle, ce sont à peu près les deux tiers de la population mondiale qui vivent dans des pays connectés à l'économie mondiale. Pourtant, même en 2020, les bénéfices de la mondialisation ne seront pas mondialisés. Au cours de cette décennie et demie, les écarts se creuseront entre les pays qui profiteront de la mondialisation – sur les plans économique, politique et social – et les nations sous-développées, ou certaines poches de territoire laissées pour compte à l'intérieur de ces mêmes nations. En fait, nous voyons cette quinzaine d'années comme une période où la perception des contradictions et des incertitudes sur une planète mondialisée occupera de plus en plus le devant de la scène.

UNE ÉCONOMIE EN VOIE D'EXPANSION ET D'INTÉGRATION

Selon toutes les projections, l'économie mondiale en 2020 aura crû de 80 % par rapport à l'année 2000. Le revenu par habitant sera de 50 % plus élevé. De vastes parties du monde jouiront d'une prospérité sans précédent et, pour la première fois, une classe moyenne nombreuse fera son apparition dans des pays anciennement considérés comme pauvres. Les structures sociales de ces nations en voie de développement se transformeront, et simultanément la croissance créera une classe moyenne élargie. Sur le long terme, le potentiel existe : pour peu que l'expansion continue, des pays traditionnellement déshérités seront attirés dans le cercle de la mondialisation.

La plupart des prévisions pour 2020 et au-delà continuent d'afficher un taux de croissance annuel plus élevé pour les pays en voie de développement que pour les pays à hauts revenus. Des nations comme la Chine ou l'Inde seront en situation de connaître une croissance économique supérieure à celle de l'Europe et du Japon, dont les populations actives vieillissantes risquent de brider la croissance. Étant donné l'énorme population de la Chine

– et sur la base d'une revalorisation raisonnable de sa monnaie réelle –, la valeur en dollars du produit intérieur brut chinois pourrait occuper le deuxième rang mondial en 2020. Pour des raisons similaires, le produit intérieur brut de l'Inde pourrait être l'équivalent de celui des grandes nations européennes. Les économies des autres pays en voie de développement, comme le Brésil et l'Indonésie, pourraient alors dépasser celle de la quasi-totalité des grandes économies européennes[1].

Qu'est-ce qui pourrait faire dérailler la mondialisation ?

Le processus de mondialisation, si puissant soit-il, pourrait connaître un ralentissement notable, ou même un coup d'arrêt. Hormis un conflit planétaire majeur, que nous jugeons improbable, une pandémie serait l'autre événement de grande échelle qui, selon nous, pourrait stopper ce processus. Toutefois, d'autres événements catastrophiques, comme des attaques terroristes, seraient susceptibles de le ralentir.

Certains experts croient que l'apparition d'une nouvelle pandémie n'est qu'une question de temps. Le phénomène serait comparable au virus de la grippe de 1918-1919 qui, d'après les estimations, tua vingt millions d'individus dans l'ensemble de la planète. Dans les mégapoles du monde en voie de développement dotées de médiocres systèmes de santé – en Afrique subsaharienne, en Chine, en Inde, au Bangladesh ou au Pakistan –, une telle pandémie serait dévastatrice et risquerait de se propager rapidement sur toute la surface du globe. Si le bilan des victimes

1. *Dreaming with the BRICS*, étude de Goldman Sachs, octobre 2003.

atteignait des millions de vies humaines dans plusieurs grands pays, alors la mondialisation serait en péril. La propagation de la maladie mettrait un terme aux voyages internationaux et au commerce mondial sur une longue période. Elle forcerait les gouvernements à dépenser d'énormes ressources dans des structures de santé publique dépassées par la situation. À cet égard, soulignons un aspect positif : c'est la réaction contre le SRAS qui a montré que la vigilance internationale et les mécanismes de contrôle étaient de plus en plus aptes à contenir ces maladies. De même, les nouveaux développements des biotechnologies recèlent l'assurance d'améliorations durables.

En revanche, un sentiment envahissant d'insécurité économique et physique pourrait entraîner un ralentissement de la mondialisation. Les gouvernements seraient amenés à prendre des mesures de contrôle sur les flux de capitaux, de biens, de personnes et de technologies qui, à leur tour, mettraient la croissance économique en perte de vitesse. Une telle situation surviendrait à la suite d'attaques terroristes tuant des dizaines, des centaines ou même des milliers de citoyens dans des villes d'Amérique ou d'Europe, ou après des attaques contre des systèmes liés aux technologies de l'information. Les contrôles frontaliers et les restrictions dans les échanges de technologie augmenteraient le coût des transactions économiques et entraveraient l'innovation et la croissance. Parmi les autres accidents susceptibles de susciter la mise en œuvre de politiques restrictives, citons un soulèvement populaire contre la mondialisation, provoqué par un rejet des délocalisations chez les cols blancs des pays riches. Mentionnons enfin un éventuel mouvement de résistance des pays pauvres, dont les peuples se considéreraient comme les victimes de la mondialisation.

Croissance du produit intérieur brut de la Chine et de l'Inde par rapport à celui des États-Unis

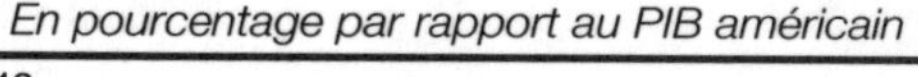
En pourcentage par rapport au PIB américain

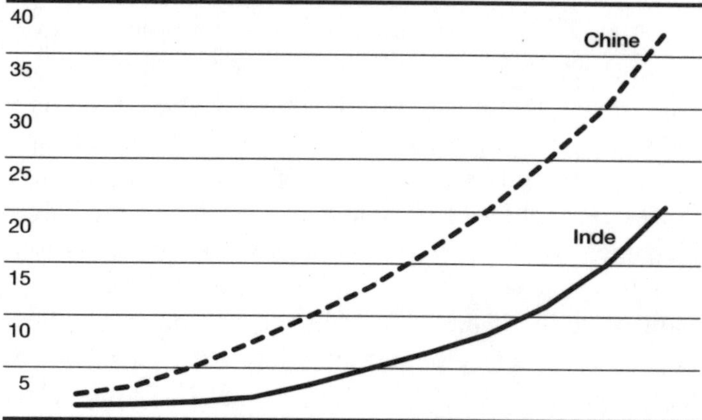

2000 2005 2010 2015 2020 2025 2030 2035 2040 2045 2050

Source : Goldman Sachs

• En dépit de leur dynamique de croissance, il est peu probable que les « géants » asiatiques et d'autres nations de cette envergure puissent se comparer aux économies des États-Unis, ou même à celles d'autres pays riches. Ils compteront quelques secteurs dynamiques de rang mondial, mais l'essentiel de leur population travaillera encore dans des fermes, la structure de leur capital social sera moins sophistiquée, et leurs systèmes financiers seront sûrement moins efficaces que ceux des autres pays riches.

Des turbulences économiques durables

En matière de forts taux de croissance sur le long terme, il y a des précédents historiques. La Chine a déjà connu deux décennies de croissance à des taux de 7 %

ou davantage, et le Japon, la Corée du Sud ou Taïwan ont su atteindre dans le passé des taux annuels de 10 % en moyenne sur une longue période.

Toutefois, historiquement, les pays en voie de développement rapide ont souffert des revers subits. Ces turbulences économiques sont de nature à se répandre et à perturber les relations internationales. Beaucoup de marchés émergents – comme le Mexique du milieu des années 1990 et les pays asiatiques à la fin de cette même décennie – ont subi les effets négatifs d'inversions brutales des mouvements de capitaux. La Chine et l'Inde risquent de rencontrer des problèmes similaires. La portée de ces renversements potentiels serait sans précédent. On ne sait pas si les mécanismes financiers internationaux actuels seraient en mesure de prévenir de telles perturbations économiques.

« Les pressions de la concurrence forceront les entreprises basées dans les économies industrialisées à délocaliser beaucoup d'emplois secondaires et tertiaires, les cols bleus et les cols blancs. »

Avec l'intégration progressive de la Chine, de l'Inde et d'autres pays en voie de développement dans le cadre de l'économie planétaire, des centaines de millions d'adultes en âge de travailler rejoindront un marché mondial du travail de plus en plus interdépendant, du fait des flux d'échanges commerciaux et d'investissements.

• Cette énorme force de travail – pour partie de plus en plus éduquée – constituera une source attractive et concurrentielle de main-d'œuvre à bas prix. Simultané-

Quand les produits intérieurs bruts de la Chine et de l'Inde pourraient dépasser ceux des pays riches

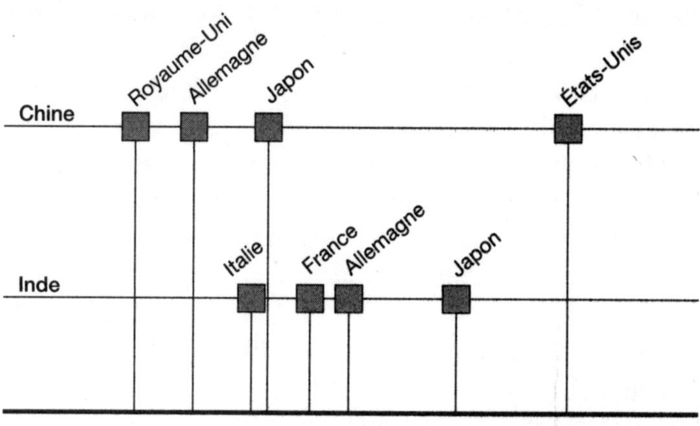

Source : Goldman Sachs, *Global Economics Paper n° 99*, octobre 2003

ment, l'innovation technologique élargit la palette des emplois à mobilité mondiale.

• La concurrence induite par ces travailleurs accélérera la rotation des emplois, imposera de nouvelles exigences en matière de formation professionnelle et restreindra la hausse des salaires dans certains métiers.

Les conséquences de ces pressions concurrentielles dépendront de la réaction des leaders politiques et des décideurs publics. Sur un arrière-plan de récession économique mondiale, l'arrivée de telles ressources de main-d'œuvre pourrait déclencher des sentiments protectionnistes largement répandus. Toutefois, tant que perdurent une croissance économique assez robuste et une flexibilité du marché du travail, il reste peu probable que cette compétition internationale intense entraîne une perte nette d'emplois dans les économies les plus avancées.

• Le grand nombre de nouveaux métiers qui se créeront dans le secteur des services, en Inde et ailleurs dans le monde en voie de développement, dépassera certainement le marché de l'offre de ces travailleurs possédant de telles qualifications dans les pays industrialisés.

• La rotation des emplois dans les économies avancées continuera d'être aiguillonnée tant par le changement technologique et les vicissitudes intérieures que par la compétition internationale.

La mobilité et les traînards. Au cours des quinze prochaines années, le niveau de vie de beaucoup d'individus est appelé à augmenter dans les nations en voie de développement et dans les pays sous-développés. Et pourtant, le revenu *per capita* de la plupart de ces pays n'approchera guère, en 2020, celui des nations occidentales. Ils compteront toujours un grand nombre de citoyens au-dessous du seuil de pauvreté, même dans les économies en phase d'émergence rapide. Et la proportion d'individus appartenant aux couches moyennes sera certainement inférieure à celle des nations développées d'aujourd'hui. Les experts estiment qu'il faudra sans doute encore trente ans à la Chine, à partir de 2020, pour voir son revenu *per capita* rejoindre les niveaux *actuels* des économies développées.

• Selon une étude, même si la classe moyenne chinoise représentait 40 % de la population totale de la Chine en 2020 – soit le double de son pourcentage actuel –, elle resterait encore très au-dessous de la proportion américaine : 60 %. Et le revenu par habitant de la classe moyenne chinoise serait encore nettement inférieur à celle de l'Occident.

• En Inde, on estime aujourd'hui à quelque trois cents millions les détenteurs d'un revenu moyen de deux mille à quatre mille dollars annuels. Le nombre et le niveau de ces revenus moyens devraient augmenter rapidement, mais ils continueront de se situer nettement audessous des moyennes relevées aux États-Unis et dans d'autres pays riches, même en 2020.

• En revanche, en Asie, un revenu annuel de trois mille dollars est jugé suffisant pour permettre l'achat d'un véhicule. Par conséquent, des revenus en hausse rapide et une classe moyenne en pleine croissance se combineront pour déclencher une énorme explosion de la consommation, un phénomène déjà évident.

Toutefois, des revenus en augmentation et des disparités régionales accrues ne seront pas incompatibles avec une classe moyenne plus nombreuse et avec une richesse collective en augmentation. En Inde, si l'essentiel de l'ouest et du sud du pays aura sûrement vu apparaître une large classe moyenne en 2020, un certain nombre de régions comme le Bihar, l'Uttar Pradesh et l'Orissa resteront sous-développées.

Qui plus est, les pays qui ne se seront pas rattachés au mécanisme de l'économie mondiale continueront de souffrir. Les prévisions les plus optimistes admettent que la croissance économique alimentée par la mondialisation laissera encore beaucoup de pays dans la pauvreté.

• Les scénarios développés par la Banque mondiale indiquent ainsi que, même si l'on retient les plus optimistes, l'Afrique subsaharienne sera très en retard. C'est aujourd'hui la région qui compte le plus grand nombre d'individus vivant avec moins de un dollar par jour.

Si le problème endémique d'une pauvreté indigne et d'un mauvais système de gouvernement dans les États troublés de l'Afrique subsaharienne, d'Eurasie, du Moyen-Orient et d'Amérique latine devait perdurer, ces zones deviendraient le terreau fertile du terrorisme, du crime organisé et de maladies pandémiques. Les migrations forcées seront aussi une composante probable de toute spirale descendante de ce type. La communauté internationale sera confrontée à des choix quant au moment, à la manière et au coût d'une intervention.

LA RÉVOLUTION TECHNOLOGIQUE

La tendance d'une diffusion rapide de la technologie sur toute la planète va se poursuivre. Pourtant, cette intensification de la révolution technologique ne profitera pas à tout le monde de manière égale.

• Parmi les éléments moteurs de cet accès élargi à la technologie, citons quelques facteurs déterminants : les flux d'échanges de matière grise entre les pays en voie de développement et les pays occidentaux, la part croissante de la population active dotée de connaissances technologiques de base dans certains pays en voie de développement, et les efforts déployés par les entreprises multinationales pour diversifier leurs activités dans les secteurs de haute technologie.

De nouvelles applications technologiques favoriseront des améliorations radicales, tant au niveau des connaissances humaines que du bien-être des individus. Certains progrès de la médecine permettront de guérir ou de soulager des maladies courantes, d'allonger la durée de vie et certaines applications pratiques permettront d'améliorer la production de nourriture et d'eau potable. L'expansion des technologies sans fil et les techniques de traduction des langues vivantes faciliteront les affaires, le commerce et même les relations politiques à l'échelon transnational.

En outre, les tendances de la technologie du futur ne se limiteront pas à des progrès rapides touchant à quelques technologies prises isolément. On assistera en effet à une convergence susceptible de multiplier toutes les connaissances technologiques – dans les secteurs de l'information, de la biologie, des matériaux et des nanotechnologies. Et ce phénomène possédera le potentiel nécessaire pour révolutionner tous les domaines de l'existence. Des matériaux dotés de capteurs nanotechnologiques, au maniement simplifié par l'informatisation, permettront de fabriquer toutes sortes d'appareils bénéfiques à la santé et qui, en même temps, modifieront les pratiques et les modèles du monde des affaires. Ces matériaux nous fourniront des connaissances inédites sur l'environnement, optimiseront la sécurité et, simultanément, réduiront l'espace de la vie privée. De telles interactions entre les diverses tendances de la technologie – couplées avec des méthodes de fabrication et des équipements très souples, ainsi qu'avec d'autres techniques dans les domaines de l'énergie, de l'eau et des transports – aideront la Chine et l'Inde dans leur tentative de rejoindre le « premier monde ». Ces deux pays investissent dans tous ces domaines de la recherche fondamentale et sont bien placés pour devenir des leaders dans un certain nombre de secteurs clefs. L'Europe risque même de se faire doubler par l'Asie dans la création de certaines de ces technologies. Pour leur part, dans l'ensemble, les États-Unis seront en position de conserver leur avance, mais ils devront de plus en plus rivaliser avec l'Asie et risquent de perdre un terrain substantiel dans certains secteurs.

Les bénéfices de la technologie iront aux nations qui sauront s'adapter. Le fossé entre les nantis et les laissés-pour-compte risque de se creuser, car les principaux profits de la mondialisation iront aux pays et aux groupes capables d'accéder à ces nouvelles technologies – et de se les approprier. En fait, le degré de réussite d'un pays en ce domaine se mesurera généralement à son niveau d'investissement dans l'intégration et l'application des nouvelles technologies disponibles à l'échelle mondiale. Cela concernera aussi bien les connaissances et les applications acquises à travers les capacités de recherche fondamentale propres à ce pays, ou par l'intermédiaire de nations leaders en la matière. Ceux qui prendront du retard dans l'intégration de ces connaissances seront aussi ceux qui n'auront pas su mener des politiques de soutien à la mise en œuvre des technologies nouvelles. Autrement dit, leur pauvreté ne sera pas la seule cause de ce retard. Parmi ces politiques, citons un bon système de gouvernement, l'éducation pour tous et des réformes des mécanismes de marché.

Ceux qui sauront lancer de telles initiatives pourront s'éviter certaines étapes de développement, en sautant des phases que d'autres leaders de la haute technologie, comme les États-Unis et l'Europe, ont été obligés de respecter pour avancer. La Chine et l'Inde sont bien placées pour réussir de telles percées. Cependant, les pays les plus pauvres seront aussi capables de s'appuyer sur des technologies très répandues et peu onéreuses pour soutenir leur propre développement – quoique à un rythme plus lent.

• Des nations comme la Chine et l'Inde vont de l'avant dans le financement d'un enseignement scientifique et technique, sans négliger pour autant d'autres investissements en infrastructures. Simultanément, ces deux colosses accompliront des pas de géant dans la fabrication et la commercialisation d'un éventail complet d'applications technologiques – depuis les logiciels jusqu'aux produits pharmaceutiques, en passant par les capteurs sans fil et les produits fabriqués dans des matériaux dits « intelligents ».

De rapides progrès technologiques hors des États-Unis pourraient permettre à d'autres pays de fixer certaines règles en matière de design, de normes et de réalisation. Il en sera de même concernant la mise en place d'une politique de protection de la vie privée, de sécurité de l'information et de gestion des droits de la propriété intellectuelle.

• En fait, c'est tout le contrôle des droits de la propriété intellectuelle qui subit d'ores et déjà une mutation radicale, à l'échelon international. Des pays comme la Chine et l'Inde constituent déjà des marchés immenses, au pouvoir d'achat important. Ils seront donc en mesure d'imposer un nouveau mode d'emploi de certaines technologies, et d'empiéter sur les droits de propriété intellectuelle d'autres acteurs de ce marché. La force d'attraction de ces vastes marchés amènera certaines multinationales à ne plus tenir compte d'éventuelles violations de ces droits de la propriété intellectuelle, qui n'affectent leur bilan que dans des proportions marginales. Enfin, comme on peut s'attendre à ce que beaucoup de progrès technologiques concernent la médecine, des pressions humanitaires et morales de plus en plus fortes vont s'exercer en vue d'une « libéralisation » des droits de propriété, « pour le bien de l'humanité ».

Les nations seront aussi confrontées à de graves défis en matière de surveillance, de contrôle et d'interdiction des technologies dites sensibles. Un même procédé, qu'il s'agisse de capteurs, d'informatique, d'outils de communication ou de certains matériaux, verra ses applications pratiques se multiplier dans toute une série de champs de la vie quotidienne, du commerce ou même, dimension plus capitale, dans le secteur militaire. De fait, la surveillance et le contrôle de ces composants de haute technologie seront de plus en plus compliqués. Qui plus est, les coentreprises, les marchés mondialisés et la part grandissante des capitaux privés dans la recherche fondamentale et le développement mineront les efforts déployés par les États-nations pour conserver la maîtrise des technologies dites sensibles.

• Dans le royaume de la technologie, les pratiques d'un pays concernant, par exemple, les aliments génétiquement modifiés, la protection de la vie privée, la recherche en biologie des matériaux, les capteurs embarqués ou les appareils de biométrie, sont de nature à soulever certaines questions éthiques. Ces controverses peuvent jouer un rôle de plus en plus important dans les politiques commerciales et les relations internationales.

Biotechnologie : arme et panacée

La révolution biotechnologique en est encore à un stade relativement précoce, et des progrès majeurs dans les sciences biologiques, couplés à la technologie informatique, ne cesseront pas de ponctuer le XXIe siècle. La recherche continuera d'alimenter d'importantes découvertes quant aux techniques médicales et de la santé publique, de la préservation de l'environnement, de l'agriculture, de la biodéfense et dans tous les secteurs connexes.

Sur le plan positif, la biotechnologie pourrait se révéler un facteur de « nivellement » entre les nations développées et les nations en voie de développement.

En fait, rien n'interdit de penser qu'elle pourrait répercuter certaines avancées dans le domaine économique et des systèmes de santé vers les régions les plus déshéritées du globe.

• D'éventuelles percées en matière de biomédecine, comme une barrière antivirale, brideront la propagation du virus VIH. Une telle découverte contribuerait à résoudre la crise humanitaire qui affecte aujourd'hui l'Afrique subsaharienne. Elle lèverait des freins considérables susceptibles de brider la croissance économique de pays en voie de développement comme l'Inde et la Chine. La recherche et les innovations dans ce domaine de la biotechnologie sont les fruits d'investissements soutenus, consentis par les autorités américaines pour la sécurité intérieure. Citons, par exemple, les nouvelles thérapies susceptibles de bloquer la faculté de pénétration d'un agent pathogène dans l'organisme. Au-delà de la seule protection des États-Unis contre une attaque terroriste, ces découvertes auraient des applications révolutionnaires dans le domaine de la santé.

• Les pays en voie de développement seront certainement plus nombreux à investir dans le développement de leurs propres biotechnologies. Et, en effet, la pression concurrentielle du marché poussera les entreprises et les instituts de recherche de plus en plus loin dans la quête de partenaires techniquement compétents au sein de ces pays.

Toutefois, si la diffusion des biotechnologies constitue une promesse d'amélioration de la qualité de la vie, elle pose aussi un problème de sécurité majeur. À mesure que les données sur ces biotechnologies deviennent accessibles, le nombre d'individus susceptibles de détourner de telles informations à seule fin de provoquer de lourdes pertes en vies humaines augmentera aussi. Apparemment, l'agresseur – en raison de la vaste panoplie d'outils et de procédés à sa portée – aurait la tâche plus facile que le défenseur, qui doit trouver la parade à l'ensemble de la panoplie. En outre, plus les progrès des biotechnologies deviennent omniprésents, plus il devient difficile de stopper le déploiement de programmes d'armes biologiques offensives. Au cours des dix à vingt prochaines années, le risque existe de voir les progrès des biotechnologies imposer un renforcement des mesures défensives, mais aussi d'accélérer le développement d'agents biologiques intégrés dans des armes offensives, et de favoriser la création d'agents biologiques de pointe.

Enfin, certaines techniques susceptibles de faciliter des avancées majeures dans le domaine de la santé susciteront aussi de graves préoccupations éthiques. Cela concernera des questions comme le profilage génétique généralisé, la recherche sur les cellules souches et la possibilité de découvrir des signatures ADN signalant des prédispositions à certaines maladies, à certaines facultés cognitives ou à des comportements antisociaux.

En même temps, la technologie sera une source de tensions : depuis la compétition autour de la création et la capacité d'attirer la composante cruciale de tout progrès technologique jusqu'aux résistances propres à certains groupes politiques et culturels, sans oublier le sentiment d'intrusion dans la vie privée ou les effets homogénéisateurs d'une technique envahissante.

DES INÉGALITÉS SOCIALES PERSISTANTES

Malgré tout le potentiel de ces progrès techniques et la diffusion de technologies nouvelles capables de contribuer à réduire les inégalités, des disparités marquées sur le plan de la protection sociale subsisteront, tant au sein des pays en voie de développement que dans les pays de l'OCDE.

Selon l'UNESCO, entre 2005 et 2020, chez les individus âgés de quinze ans et plus, les taux d'analphabétisme baisseront, mais ils resteront encore dix-sept fois plus élevés dans les pays pauvres ou en voie de développement que chez les membres de l'OCDE[1]. En outre, les taux d'analphabétisme chez les femmes seront presque deux fois plus élevés que chez les hommes. Entre 1950 et 1980, l'écart d'espérance de vie entre les nations les plus développées et les moins développées a commencé de se resserrer de façon notable. Ce processus va proba-

1. L'OCDE, ou Organisation pour la coopération économique et le développement, est issue de l'Organisation pour la coopération économique européenne de l'époque du plan Marshall. Elle réunit trente membres, nations développées et pays des marchés émergents, et entretient des relations actives avec soixante-dix autres États dans le monde.

blement se confirmer pour de nombreux pays en voie de développement, y compris les plus peuplés. Toutefois, selon les projections du Bureau du recensement des États-Unis, plus de quarante pays – y compris beaucoup d'États africains, d'Asie centrale et la Russie – doivent tabler sur une espérance de vie inférieure en 2010 par rapport au niveau de 1990.

Même si des mesures de prévention efficaces contre le virus VIH sont adoptées dans divers pays, au cours des quinze prochaines années, l'impact économique et social de millions d'individus déjà infectés par la maladie pèsera de tout son poids.

• La hausse rapide du nombre de décès chez les adultes à cause du virus du sida a laissé en Afrique un nombre sans précédent d'orphelins. Aujourd'hui, dans certains pays africains, un enfant sur dix n'a plus de parents, et, c'est une certitude, la situation va empirer.

L'extrême affaiblissement et la mort de millions de gens à cause de la pandémie de sida exerceront un impact croissant sur les économies des pays les plus touchés. Ce sera en particulier le cas de l'Afrique subsaharienne, où l'on estime que plus de vingt millions d'individus sont morts du virus VIH depuis le début des années 1980. Des études montrent que les revenus des foyers ont chuté de 50 à 80 %, dès que les individus qui généraient les principales sources de revenus étaient infectés. Dans les pays de la deuxième vague du virus – le Nigeria, l'Éthiopie, la Russie, l'Inde, la Chine, le Brésil, l'Ukraine et les États d'Asie centrale –, la maladie va continuer de se propager au-delà des groupes à haut risque, dans la population au sens large. Et au fur et à mesure que le virus VIH se répand, il acquiert une puissance susceptible de faire dérailler les perspectives de croissance de beaucoup de puissances économiques montantes.

Le statut des femmes en 2020

D'ici à 2020, dans bien des régions du monde, les femmes auront acquis plus de droits et de libertés, en termes d'éducation, de participation politique et d'égalité dans le travail. Mais les données de l'ONU et de l'OMS suggèrent que les inégalités entre les sexes n'auront pas été comblées, même dans les pays développés, et qu'il restera fort à faire dans les régions en voie de développement. Même si la part des femmes dans la population active de la planète continuera de se renforcer, les écarts de salaires et les disparités régionales persisteront.

• Même si la différence entre les revenus des hommes et des femmes s'est resserrée au cours de ces dix dernières années, les femmes continuent de percevoir un salaire moindre. Par exemple, une étude des Nations unies, effectuée en 2002, montrait que, sur vingt-sept des trente-neuf pays étudiés – tant au sein de l'OCDE que parmi les nations en voie de développement –, les revenus des femmes dans l'industrie étaient de 20 à 50 % inférieurs à ceux des hommes.

Certains facteurs tendront à opérer contre l'égalité des sexes, tandis que d'autres auront un impact plus positif.

Les menaces sur l'égalité

Dans des régions où la poussée des jeunes générations recoupe des schémas historiques à tendances patriarcales, les pressions accrues auxquelles seront soumises les infrastructures publiques seront synonymes d'une compétition encore plus intense. Et c'est d'autant plus vrai lorsque l'accès à ces ressources publiques est limité. Il est probable que les femmes ne seront toujours pas traitées à égalité. Par exemple, si les écoles ne peuvent pas accueillir tous les enfants, les garçons se verront certainement accorder un droit de priorité. Pourtant, au sein des jeunes générations, les conceptions changent. Par exemple, au Moyen-Orient, beaucoup de jeunes musulmans reconnaissent l'importance de l'instruction chez une épouse, susceptible d'en faire une contributrice potentielle au revenu familial.

Dans des pays comme la Chine et l'Inde, la « préférence du fils » prédomine, renforcée par les politiques gouvernementales de contrôle des naissances. Les femmes sont alors confrontées à un risque accru d'infanticide et, pis encore, d'enlèvements, de trafics organisés à l'initiative des régions avoisinantes, en raison du nombre disproportionné d'hommes célibataires au sein de leur population. Actuellement, en Chine, la préférence pour les enfants de sexe masculin a conduit à une « pénurie » évaluée à trente millions de femmes.

De telles statistiques suggèrent que l'industrie mondiale du trafic des femmes, qui rapporte déjà quelque quatre milliards de dollars par an, va vraisemblablement s'étendre, pour devenir l'activité criminelle la plus profitable après le trafic de drogue.

La féminisation du virus du sida est une autre tendance inquiétante. Certaines découvertes de la conférence de juillet 2004 sur le sida dans le monde, qui s'est tenue à Bangkok, ont révélé que le pourcentage de femmes infectées par le virus augmente sur tous les continents et dans toutes les principales régions du monde, sauf en Europe occidentale et en Australie. Les jeunes femmes représentent 75 % des individus de quinze à vingt-quatre ans infectés par le sida à l'échelon mondial.

Le statut des femmes en 2020
Les facteurs d'égalité

Dans beaucoup de pays, un train de réformes élargi, allant de pair avec des principes de saine gestion gouvernementale et un faible taux de chômage, est essentiel à l'élévation du statut des femmes. Les experts du développement international soulignent que si un gouvernement équilibré n'a pas forcément à se plier au moule démocratique occidental, il doit néanmoins favoriser la stabilité par le respect des principes d'intégration et de responsabilité. La réduction des niveaux de chômage est primordiale, car des pays déjà incapables de fournir du travail à des demandeurs d'emploi de sexe masculin ne vont vraisemblablement pas améliorer les opportunités d'emploi des femmes.

La diffusion des technologies de l'information et de la communication est porteuse de grandes promesses. Selon une analyse de la Banque mondiale, le renforcement des infrastructures informatiques et de communication tend à améliorer l'égalité des sexes par rapport à l'instruction et au travail. Ces technologies permettent aussi aux femmes de former des réseaux politiques et sociaux. Pour des régions qui subissent l'oppression, en particulier le Moyen-Orient, ces réseaux pourraient devenir l'équivalent, au XXIe siècle, du mouvement Solidarité par rapport au régime communiste polonais des années 1980.

Dans les régions en voie de développement, les femmes se tournent souvent vers les organisations non gouvernementales (ONG) pour accéder à des services de base. Les ONG pourraient même peser d'un poids encore accru pour le statut des femmes d'ici à 2020 car, toujours dans les pays en voie de développement, elles subissent des menaces de plus en plus pressantes, tout en acquérant des capacités d'accès à des réseaux informatiques.

La tendance actuelle à la décentralisation et à la délégation des pouvoirs dans beaucoup d'États offrira aux femmes des opportunités accrues de participation politique. Malgré une hausse modeste du nombre de femmes détentrices de fonctions dirigeantes à l'échelon national – à l'heure actuelle, elles ne sont à la tête de l'État que dans huit pays –, la participation féminine aux affaires publiques à l'échelon local et provincial est en progression constante, et bénéficiera surtout aux femmes des zones rurales, loin de l'épicentre politique d'un pays donné.

Les autres avantages

Les enjeux de la parité entre les sexes sont importants, et pas seulement pour les femmes. Une littérature de terrain de plus en plus étoffée montre que l'égalité des sexes dans l'éducation est un moteur de la croissance économique, et qu'elle réduit la mortalité et la malnutrition infantiles. Au Sommet du millénaire, les dirigeants des Nations unies s'étaient engagés pour atteindre l'égalité des sexes au niveau de l'enseignement primaire et secondaire d'ici à 2005, dans tous les pays du monde.

• En 2005, les quarante-cinq pays qui ne se sont pas engagés dans la bonne voie pour atteindre les objectifs de l'ONU souffrent probablement d'une perte de croissance de leur revenu intérieur brut par habitant d'environ 1 à 3 %.

SCÉNARIO-FICTION : *LE MONDE SELON DAVOS*

Ce scénario illustre en quoi une croissance économique robuste au cours des quinze prochaines années pourrait remodeler le processus de la mondialisation, en lui conférant un aspect moins occidental. Il est proposé sous la forme d'une lettre imaginaire du directeur du Forum économique mondial à l'ancien président de la Réserve fédérale américaine, à la veille de la réunion annuelle de Davos, édition 2020. Dans ce scénario, les géants asiatiques et quelques autres États en voie de développement ne cessent de creuser l'écart avec les économies « occidentales ». Les marchés intérieurs immenses de ces pays, tournés vers le consommateur, deviennent l'épicentre du commerce et de la technologie planétaires. Dans ce contexte, il y a beaucoup d'appelés, peu d'élus, et quelques laissés-pour-compte. L'Afrique s'en sort mieux qu'on n'aurait pu le craindre, alors que certains pays émergents de taille moyenne sont distancés. Malgré les nombreux bénéfices qu'elles retirent d'une économie mondiale en expansion, les puissances occidentales, y compris les États-Unis, doivent combattre l'insécurité de leur marché du travail. Même s'il profite de la hausse des prix de l'énergie, le Moyen-

Orient est à la traîne et menace l'avenir de la mondialisation. En outre, les tensions croissantes autour de Taïwan sont sur le point de provoquer un effondrement économique. À la fin de notre scénario, nous formulons certaines leçons à retenir de ce récit fictif, notamment la nécessité d'une gestion plus ferme de la part des dirigeants politiques, sous peine de voir la mondialisation quitter ses rails.

Lettre du directeur du Forum économique mondial à l'ancien président de la Réserve fédérale américaine, à la veille de la réunion annuelle de Davos

12 janvier 2020

M. le président, cher ami,

Comme vous le savez, ces dernières années ont été rudes. J'ai finalement convaincu les Asiatiques d'abandonner leur politique de boycottage, et cette fois-ci, c'est en Chine, et non à Davos, que nous nous réunissons. À partir de cette édition, nous ferons alterner la Suisse et l'Asie, un an sur deux. De prime abord, j'avais cru que je réussirais à faire revenir les Asiatiques sur leurs positions, mais ils préservent leur front uni. Les Japonais ne sont guère enclins à plier. Pour autant, je ne suis pas convaincu que tout cela ait vraiment relevé d'un vaste complot ourdi par les Chinois, comme les en accusent certains. Je ne suis même pas sûr que les Chinois aient vu toutes ces manœuvres d'un bon œil. Une fois l'affaire lancée, il leur a fallu faire preuve d'une certaine capacité de leadership et soutenir les prétentions asiatiques, mais selon moi, ils ont une telle confiance dans leur situation actuelle que se réunir tous les ans à Davos ne les ennuie pas du tout. Les mettre en position de puissance accueillante de nos conférences les convaincra d'accepter quelques concessions et les amènera à tenir compte de certaines plaintes que peut susciter leur conduite des affaires.

Cela me rappelle un thème bien précis que j'ai eu l'occasion de développer au cours de mes réflexions sur l'évolution actuelle de la mondialisation. Au début du XXIe siècle, nous assimilions la mondialisation à l'américanisation. L'Amérique restait le modèle. Aujourd'hui, la mondialisation présente une configuration plus asiatique et, pour être franc, il faut admettre que l'Amérique n'est plus le moteur qu'elle était jadis. Au lieu de quoi, les marchés sont désormais orientés vers l'Est.

Cela ne revient pas à dire que le système tournerait en roue libre. Ce n'est qu'après avoir essuyé quelques revers cuisants que nous avons fini par comprendre à quel point tout dépendait de la gestion des réalités, et par mesurer la facilité avec laquelle la mondialisation risquait de quitter ses rails. Nous tous, responsables économiques, nous avons dû apprendre à intervenir de manière plus agressive.

La tragédie du 11 septembre a tenu lieu d'avertissement. Depuis lors, le terrorisme n'a pas cessé de nous mettre en face d'un défi physique et stratégique. À seule fin de nous protéger, nous avons dû élever des barrières, avec le danger de trop en faire, au point de miner les bases même de la mondialisation — la libre circulation des capitaux, des biens, des personnes, etc. Nous nous sommes efforcés d'instaurer un équilibre fragile entre sécurité et ouverture sur le monde. Beaucoup de voix se sont exprimées aux États-Unis contre les restrictions adoptées sur les attributions de visas, qui ont eu pour conséquence de limiter le nombre d'étudiants venus de l'étranger. Pis encore, les scientifiques américains ont formulé leurs inquiétudes quant au leadership mondial de la science et de la technologie des États-Unis, qui leur échapperait au profit de l'Asie.

Cela m'amène à aborder la seconde partie de mon raisonnement. Voici dix ou quinze ans, nous n'avons pas saisi à quel point les géants asiatiques étaient déjà prêts à reprendre le flambeau. Ce sont vraiment les Chinois et les Indiens qui ont soutenu l'élan de la mondialisation. Tout a commencé par une dynamique États-Unis-Chine, mais à présent le marché asiatique a acquis une puissance *sui generis*, et il n'est plus aussi dépendant de ses échanges commerciaux avec les États-Unis. Qui plus est, la compétition entre la Chine et l'Inde sur le plan des approvisionnements énergétiques et les marchés de l'énergie a encore un peu plus aiguillonné la croissance et l'innovation.

Mais au cours de toutes ces années, nous avons aussi connu quelques nuits blanches, en particulier quand l'Empire du Milieu a rencontré des problèmes financiers. Son rapide rétablissement a probablement joué un rôle déterminant. Je pense que Pékin aurait eu du mal à gérer une crise politique de première grandeur. Un tel accident aurait pu précipiter la montée en puissance de son économie dans l'impasse, pour une décennie ou davantage. Heureusement, il n'en a rien été. Même si les États-Unis y ont mis du leur, l'enseignement véritablement intéressant de cette crise, c'est que la Chine s'est tirée d'affaire sans recourir au type d'aide de source américaine ou internationale que nous aurions cru nécessaire. Là encore, nous avons sous-estimé l'envergure du marché intérieur dont a su se doter la Chine, et qui a suffi à relancer son économie.

En revanche, ce trou d'air a enflammé le nationalisme latent qui couvait sous la surface, avec une nouvelle exacerbation des tensions autour de la question de Taïwan. La Chine a pu multiplier les effets de menton, et le risque de commettre des erreurs d'appréciation ne cesse d'augmenter. Je suis de plus en plus inquiet, car personne — ni au sein des gouvernements, ni dans le secteur privé — ne s'interpose pour combler la brèche et tuer dans l'œuf ce qui pourrait se transformer en crise majeure, tant sur le plan de la sécurité du monde que dans le domaine des affaires.

Les tensions se sont aussi fortement intensifiées entre la Chine, l'Inde et les autres États émergents. Le succès des géants asiatiques a rendu la partie plus difficile aux outsiders qui voudraient rattraper le groupe de tête. L'énorme effet de souffle provoqué par la Chine et l'Inde sur le marché du travail ne s'est pas seulement fait sentir en Occident. Nous constatons à présent que les rémunérations plus élevées des travailleurs chinois conduisent en fin de compte à l'exportation d'emplois vers des économies à faibles revenus. Cela peut être attribué en partie à la démographie — la Chine est un pays qui paraît soudain avoir pris un coup de vieux, car sa politique de contrôle des naissances, avec une limitation à un enfant par famille, revient maintenant la hanter.

Au stade précédent, le tollé soulevé à l'Ouest par les délocalisations et l'immigration aurait pu mettre la mondialisation en perte de vitesse, mais que pouvons-nous y faire ? — freiner les « vagues » du progrès, dans une sorte de remake de la folie luddite[1] ? Derrière les attitudes de façade, je perçois une tentation très forte de la part de Washington et des capitales européennes de jouer la carte des pays émergents contre la Chine et l'Inde, en accordant la préférence aux produits d'origine non chinoise.

Sur le versant positif, ce sont des avancées technologiques capitales qui ont mis certains pays sur la voie d'une croissance économique durable. Les innovations de la biotechnologie et de meilleurs systèmes de filtration d'eau ont permis l'expansion de la production alimentaire. C'est une véritable manne qui a contribué à éradiquer la pauvreté la plus extrême et à lancer un secteur agricole orienté vers l'exportation. La Chine et les États-Unis ont donc fini par faire cause commune contre l'Europe dans le dossier des organismes génétiquement modifiés.

1. Au tout début du XIXe siècle, le mouvement luddite accusait l'avènement du machinisme d'avoir créé la misère ouvrière. Les luddites s'introduisaient dans les fabriques pour fracasser les machines. (*N.d.T.*)

Les prix plus élevés des matières premières se sont aussi révélés une véritable aubaine — bien plus que n'importe quel programme d'effacement de la dette. Dans la pratique, deux consortiums énergétiques soutenus par l'Asie se sont retrouvés à la tête de deux ou trois petits États de la région. Ces groupes industriels jouissent d'une solide reconnaissance dans les populations concernées, car non seulement ils fournissent leur main-d'œuvre, mais ils y ajoutent tous les services collectifs, avec une couverture de soins complète. La malaria et la tuberculose — sans parler du sida— ont été enrayées. Je n'oublie pas que les entreprises — il faut se remémorer la domination totale de la Compagnie des Indes orientales sur le sous-continent au XVIIIe siècle — ont su monter sur le front de la mondialisation dès ses débuts. Avons-nous bouclé la boucle, avec des entreprises prenant aujourd'hui le pas sur les gouvernements ?

Au Moyen-Orient, nous avons enregistré quelques progrès, avec deux pays qui ont décidé d'entreprendre de vraies réformes en vue de libéraliser leur marché, tandis que d'autres restent encore dans l'ornière. La Palestine aspire toujours à accueillir en son sein une figure comme George Soros, capable d'injecter des capitaux importants et développerait une plate-forme à l'exportation, mais je ne vois personne qui soit désireux de se lancer dans de tels investissements.

Ailleurs, les revenus créés par des prix du pétrole élevés ont permis aux Saoudiens et à d'autres de mener grand train. À long terme, ce n'est pas bon. Je crains fort que cette situation ne nous réserve plusieurs surprises assez désagréables.

Davos a beaucoup fait, je le crois, pour ouvrir le vieux club occidental, toujours très exclusif. J'admets qu'au début je n'ai pas vraiment vu venir cette évolution Le fait, par exemple, que la Chine et l'Inde, avec leurs classes moyennes en plein essor, aient commencé de se créer des marchés intérieurs aussi vastes. Au cours de ces dernières années, c'est tout l'équilibre mondial qui a coulissé sur ses bases. À présent, je m'en rends compte. Les consommateurs asiatiques fixent les tendances, et si les entreprises occidentales veulent continuer de croître, elles se doivent de réagir. Il y a de cela quinze ans, nous étions peu nombreux à nous tenir informés sur les entreprises asiatiques. Aujourd'hui, nous avons Wumart, la version chinoise de Walmart. La Chine a aussi attiré l'attention de Washington quand elle a commencé de diversifier ses réserves en devises étrangères, et l'opinion publique américaine s'est réveillée en découvrant qu'elle vivait très au-dessus de ses moyens.

En soi, l'Europe aurait pu se sentir menacée par l'émergence rapide de l'Asie. Or, chose curieuse, cette Asie plus puissante a été perçue comme un contrepoids à la domination des États-Unis. L'essor asiatique a aussi aidé l'Europe à sortir de sa dépression. Les États-Unis estiment que l'Europe et la Chine ont beaucoup de points communs, notamment le respect des institutions régionales. La Chine, avec son Organisation shanghaïaise de la Coopération, par exemple. Mais je ne suis pas si convaincu.

À propos, j'ai appris que votre petite-fille allait aussi passer un semestre en Chine, à apprendre la langue. Saviez-vous que l'un de mes petits-fils y est aussi ? Peut-être pourrions-nous les présenter lors de la conférence « Davos en Chine ».

Quelques leçons à méditer

Ce scénario illustre les vastes changements qui devraient résulter d'une croissance économique soutenue et des tensions susceptibles de la sortir de sa trajectoire.

- La croissance des marchés asiatiques obligerait à des ajustements sur les marchés intérieurs aux États-Unis et dans les autres pays occidentaux, qui réclameraient un véritable pilotage.

- Si le système du commerce mondial devient plus intégré et plus compliqué, il serait important d'inviter la Chine, l'Inde et d'autres pays émergents à se joindre au conclave, mais cela exigerait de la patience et d'éventuels compromis.

- Il est peu probable que le système parvienne à s'autoréguler. Une économie planétaire forte ne conduirait pas toujours de manière automatique à la résolution de crises comme celle de Taïwan.

PUISSANCES ÉMERGENTES : UN PAYSAGE GÉOPOLITIQUE EN MUTATION

L'émergence probable de la Chine et de l'Inde au rang d'acteurs mondiaux de premier plan – comparable à celle de l'Allemagne au XIXe siècle et à celle des États-Unis d'Amérique au XXe – va transformer le paysage géopolitique. L'impact potentiel sera aussi spectaculaire que l'avènement de ces deux puissances aux siècles précédents. De même que les commentateurs des années 1900 se référaient au « siècle américain », le début du XXIe sera sans doute considéré comme le temps où une partie du monde en voie de développement, conduite par la Chine et l'Inde, a pris son envol.

• La population de la région qui a tenu lieu d'épicentre à l'essentiel de l'histoire du XXe siècle – l'Europe et la Russie – va connaître un déclin relatif vertigineux. La quasi-totalité de la croissance démographique du globe va se concentrer dans des nations en voie de développement qui, jusqu'à présent, étaient restées cantonnées sur les marges de l'économie mondiale (voir notre graphique de la page 141)[1].

---

1. CIA, *Tendances démographiques mondiales sur le long terme : remodeler le paysage géopolitique*, juillet 2001.

• Les puissances « arrivistes » – la Chine, l'Inde et peut-être d'autres comme le Brésil et l'Indonésie – pourraient inaugurer un nouveau type d'alignements à l'échelle internationale, susceptibles de marquer une rupture définitive avec certaines institutions et certaines pratiques de l'après-Seconde Guerre mondiale.

• Seul un renversement brutal de tendance ou un soulèvement majeur dans l'un de ces pays seraient à même d'empêcher leur ascension. Et pourtant, la manière dont l'Inde et la Chine exerceront leur pouvoir croissant, et le fait de savoir si elles entretiendront avec les autres puissances du système international une relation de coopération ou de compétition restent deux incertitudes fondamentales.

L'action combinée d'une croissance économique forte et durable, de capacités militaires en expansion, d'une promotion active des hautes technologies et d'une population nombreuse sera à l'origine de l'ascension politique et de la montée en puissance économique rapides de ces deux pays.

• Du seul fait de leur masse, les populations de la Chine et de l'Inde n'ont pas besoin de se rapprocher des niveaux de vie occidentaux pour que ces nations deviennent d'importantes puissances économiques.

• La Chine, par exemple, est à présent le troisième producteur mondial de produits manufacturés : au cours de la dernière décennie, sa part est passée de 4 à 12 %. D'ici à quelques années, elle devrait facilement dépasser le Japon, non seulement en parts de marché manufacturier, mais aussi pour les exportations à l'échelon mondial. À cet égard, on sait que la concurrence des « prix chinoisés » exerce déjà une forte pression à la baisse sur les prix manufacturiers dans le monde.

2020 : la population de la planète au télescope

Pour évaluer la répartition des 7,8 milliards d'individus que comptera la population mondiale en 2020, nous l'avons déclinée sous forme de camembert, pour un groupe représentatif de cent personnes.

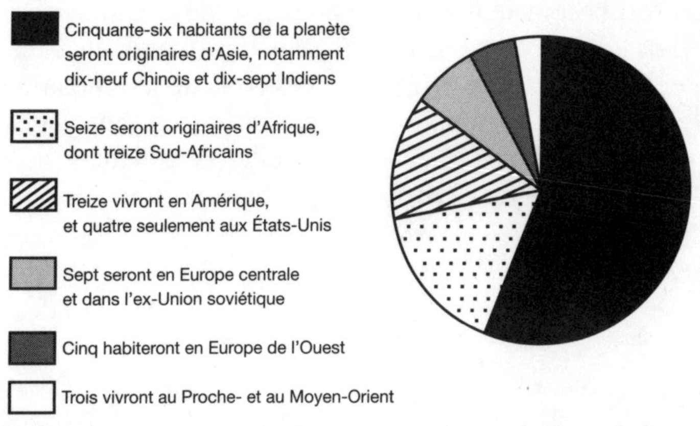

Source : extrait d'une publication de la CIA, *Les Tendances démographiques mondiales sur le long terme : remodeler le paysage géopolitique*, juillet 2001.

• Pour le moment, selon presque tous les indicateurs économiques, l'Inde est distancée par la Chine (voir notre encadré, page 149 à 151). Pourtant, la majorité des économistes s'accordent à lui attribuer de robustes taux de croissance. En même temps, d'autres changements vont probablement remodeler le paysage. Citons l'essor économique possible d'autres États – le Brésil, l'Afrique du Sud, l'Indonésie et même la Russie –, qui pourrait renforcer le rôle de plus en plus affirmé de la Chine et de l'Inde. Toutefois, ces pays-là auront un impact géopolitique plus limité. Enfin, nous n'écartons pas la possibilité de voir se matérialiser une Europe plus forte et plus unie, et un Japon plus actif sur le plan international. Soulignons cependant que l'Europe, le Japon et la Russie auront beaucoup de mal à gérer le problème de leurs populations vieillissantes.

La demande croissante en énergie va cristalliser plusieurs de ces changements dans le paysage géopolitique. Un fort besoin se fera sentir, de la part de la Chine et de l'Inde, de sécuriser leurs approvisionnements en énergie. Cette nécessité propulsera ces pays de leur position de puissances régionales vers un statut de grandes puissances planétaires. Dans l'intervalle, la codépendance de la Russie et de l'Europe risque de se renforcer.

Le désir de la Chine d'accéder au statut de « grande puissance » sur la scène internationale se reflétera dans son influence économique accrue sur les pays limitrophes ou plus lointains, en même temps que ses initiatives pour renforcer son armée. Les États de l'est de l'Asie sont en train de s'adapter à l'avènement d'une Chine plus puissante en nouant des liens économiques et politiques plus étroits avec Pékin, le cas échéant en lui apportant son soutien sur certaines de ses priorités, en particulier en ce qui concerne la question sensible de Taïwan.

• Le Japon, Taïwan et diverses nations du Sud-Est asiatique pourraient aussi être tentés de se solliciter mutuellement, ou de faire appel aux États-Unis pour contrebalancer l'influence grandissante de la Chine.

Le régime chinois, pour sa part, va continuer de muscler son armée à travers le développement et l'acquisition d'armes modernes, notamment des appareils de combat de type avancé et des sous-marins sophistiqués, ainsi qu'un nombre plus important de missiles balistiques. Les coûts de défense de la Chine dépasseront ceux de la Russie et d'autres puissances, pour la placer au second rang derrière les États-Unis. Quoi qu'il en soit, au cours des deux prochaines décennies, elle sera devenue une puissance militaire de première grandeur.

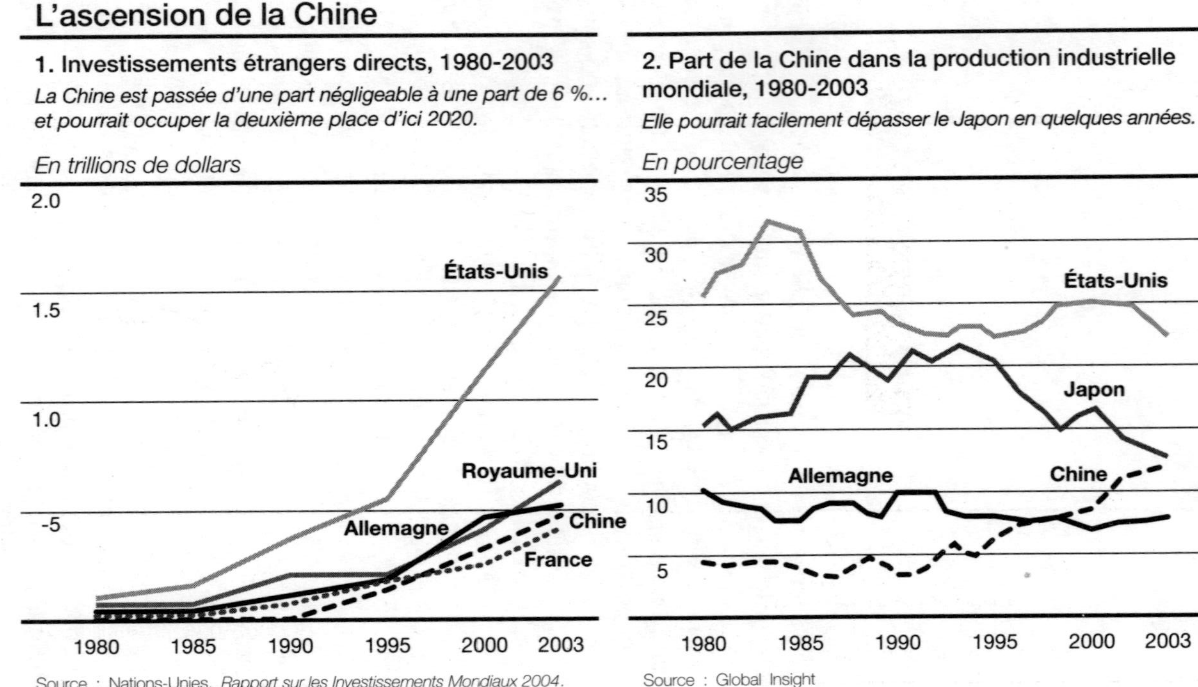
L'ascension de la Chine
1. Investissements étrangers directs, 1980-2003
La Chine est passée d'une part négligeable à une part de 6 %…
et pourrait occuper la deuxième place d'ici 2020.
En trillions de dollars
2.0
1.5
1.0
-5
États-Unis
Royaume-Uni
Allemagne
Chine
France
1980
1985
1990
1995
2000
2003
Source : Nations-Unies, Rapport sur les Investissements Mondiaux 2004.
2. Part de la Chine dans la production industrielle mondiale, 1980-2003
Elle pourrait facilement dépasser le Japon en quelques années.
En pourcentage
35
30
25
20
15
10
5
États-Unis
Japon
Allemagne
Chine
1980
1985
1990
1995
2000
2003
Source : Global Insight

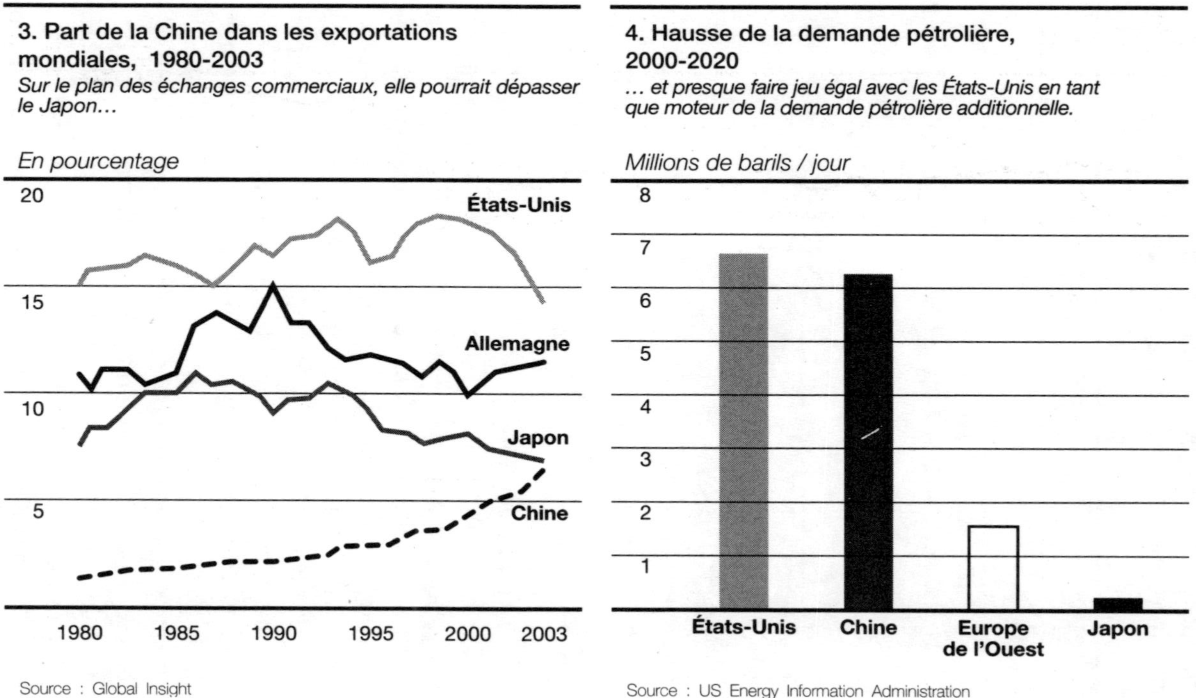
3. Part de la Chine dans les exportations mondiales, 1980-2003
Sur le plan des échanges commerciaux, elle pourrait dépasser le Japon…
En pourcentage
20
15
10
5
États-Unis
Allemagne
Japon
Chine
1980
1985
1990
1995
2000
2003
Source : Global Insight
4. Hausse de la demande pétrolière, 2000-2020
… et presque faire jeu égal avec les États-Unis en tant que moteur de la demande pétrolière additionnelle.
Millions de barils / jour
8
7
6
5
4
3
2
1
États-Unis
Chine
Europe de l'Ouest
Japon
Source : US Energy Information Administration

Hausse prévisionnelle des coûts de défense de la Chine, 2003-2025

En milliards de dollars 2003

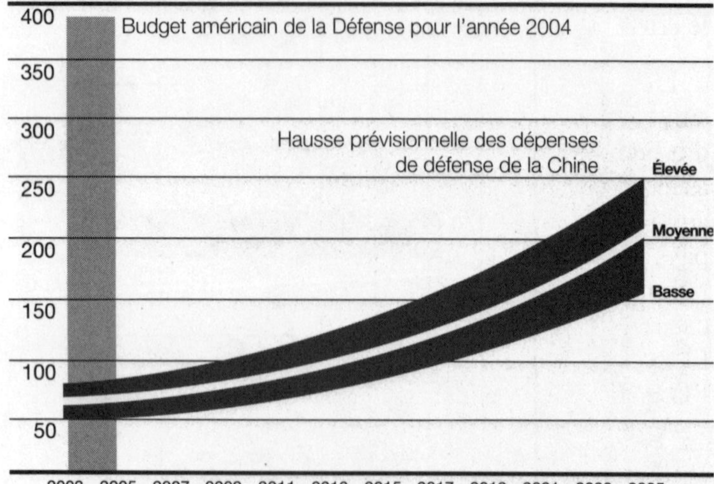

Source : Département de la Défense, rapport annuel au Congrès, *Puissance militaire en République populaire de Chine*, 2004

Des revers économiques et des crises de confiance pourraient tout de même ralentir son émergence en tant que grande puissance à part entière. L'incapacité de Pékin à soutenir le rythme de son expansion économique aurait en soi un impact planétaire.

• L'échec du gouvernement chinois à satisfaire les besoins de son peuple en matière de créations d'emploi pourrait déclencher des troubles politiques.

• Confrontée à une société en phase de vieillissement rapide dès le début des années 2020, la Chine risque de rencontrer quelques difficultés inhérentes à ce type de déséquilibre démographique grave. Il est peu probable qu'elle ait déployé d'ici là les mécanismes de rattrapage caractéristiques des sociétés occidentales – comme des régimes de retraite et des systèmes de santé publique complexes.

• Si l'économie chinoise connaissait un certain déclin, la sécurité de la région s'en trouverait affaiblie, ce qui aggraverait les perspectives d'instabilité politique, en entretenant le crime, le trafic de stupéfiants et l'immigration illégale.

L'essor de l'Inde sera aussi une source de complications stratégiques pour la région. Comme la Chine, l'Inde tiendra lieu d'aimant économique à l'échelon régional, et son ascension exercera un impact non seulement en Asie, mais aussi au nord – en Asie centrale, en Iran et dans d'autres pays du Moyen-Orient. L'Inde cherche à étoffer la coopération régionale à la fois pour des raisons stratégiques et à cause de son envie d'accroître son influence vis-à-vis de l'Occident, notamment au sein d'organisations comme l'Organisation mondiale du commerce (OMC).

À mesure que l'économie indienne grandit, les gouvernements d'Asie du Sud-Est – Malaisie, Singapour, Thaïlande et d'autres pays – pourraient se rapprocher de New Delhi afin de participer à la constitution d'un contrepoids par rapport à la Chine. Parallèlement, l'Inde cherchera à renforcer ses liens avec des pays de la région, sans exclure la Chine pour autant.

• Selon Goldman Sachs et d'autres experts, les échanges commerciaux bilatéraux sino-indiens devraient connaître une ascension rapide, sur la base de leur niveau actuel de 7,6 milliards de dollars.

Tout comme la Chine, l'Inde risque d'être sujette à des faux pas et de subir une certaine volatilité politique et économique, en raison des contraintes qu'elle exerce sur ses ressources naturelles – la terre, l'eau et les approvisionnements en énergie –, qui s'intensifient en même temps qu'elle se modernise. Par exemple, l'Inde sera confrontée à des choix draconiens, du fait de sa population qui augmente et de ses eaux de surface ou souterraines de plus en plus polluées.

D'AUTRES ÉTATS ÉMERGENTS ?

Le Brésil, l'Indonésie, la Russie et l'Afrique du Sud sont eux aussi tout prêts à accéder à la croissance économique, mais il est peu probable qu'ils atteignent le même poids politique que la Chine et l'Inde. Leur croissance bénéficiera sans aucun doute à leurs voisins, mais ils n'ont guère de chances de devenir des moteurs capables de modifier les flux de la puissance économique dans leurs régions respectives – un facteur déterminant de l'ascension politique et du progrès dans ce domaine de Pékin et New Delhi.

Les risques de la croissance économique chinoise

Savoir si l'ascension de la Chine se fera dans la fluidité demeure un facteur d'incertitude clef. En 2003, la RAND Corporation identifiait et évaluait huit risques majeurs susceptibles, au cours de la prochaine décennie, de peser sur une croissance rapide et prolongée de l'économie chinoise. Ses « lignes de faille dans le terrain économique chinois » mettaient donc en avant :

— la fragilité du système financier et des entreprises d'État ;
— les effets économiques de la corruption ;
— les ressources en eau et la pollution ;
— une possible contraction des investissements étrangers directs ;
— le sida et d'autres maladies épidémiques ;
— le chômage, la pauvreté et l'agitation sociale ;
— la consommation énergétique et les tarifs de l'énergie ;
— Taïwan et d'autres conflits potentiels.

RAND a calculé l'impact de ces évolutions négatives sur la croissance, pour le cas où elles surviendraient séparément, échelonnées dans le temps. La fourchette basse situerait cette perte de croissance entre 0,3 et 0,8 point pour les effets de la pauvreté, de l'agitation sociale et du chômage, et dans une fourchette haute comprise entre 1,8 et 2,2 points pour les maladies épidémiques.

• Cette étude juge assez peu probable que la Chine parvienne à éviter l'ensemble de ces événements contraires d'ici à 2015. Elle souligne que le plus vraisemblable serait de les voir se cumuler plutôt que de survenir isolément. Ainsi, par exemple, la détresse financière aggraverait aussi la corruption, alourdirait le chômage et la pauvreté, exacerberait l'agitation sociale et ferait baisser les investissements étrangers directs.

• RAND estime aussi que la probabilité de voir la totalité de ces obstacles surgir avant 2015 reste très faible. À l'inverse, elle considère que s'ils devaient tous se matérialiser, ils auraient pour effet cumulatif de faire subir à la croissance chinoise une baisse comprise entre 7,4 et 10,7 points. Dans la pratique, ce serait la totalité de la croissance chinoise qui se trouverait réduite à néant dans la période considérée.

Inde contre Chine : perspectives à long terme

Sur le plan économique, l'Inde est à la traîne derrière la Chine. La plupart des indicateurs le confirment, qu'il s'agisse du PIB, du volume des investissements étrangers (ils ne représentent aujourd'hui qu'une petite partie des capitaux extérieurs investis en en Chine) et du revenu par habitant. Ces dernières années, le taux de croissance indien a subi un décalage de 20 % par rapport au taux de croissance chinois de 20 %. Néanmoins certains experts croient l'Inde capable de supplanter la Chine et de lui ravir le titre de l'économie affichant la croissance la plus rapide du monde. L'Inde possède quelques atouts qui œuvrent en ce sens :

• Sa population en âge de travailler continuera d'augmenter bien au-delà de 2020, tandis qu'en raison de sa politique de l'enfant unique, celle de la Chine va diminuer et vieillir très rapidement.

• L'Inde est dotée d'institutions démocratiques bien ancrées, ce qui la rend en un sens moins vulnérable à l'instabilité politique, tandis que la Chine fait face à un défi permanent : réconcilier une population de classes moyennes principalement urbaines avec un système politique essentiellement autoritaire.

• L'Inde possède des marchés de capitaux et des entreprises de rang mondial dans d'importants secteurs des hautes technologies, ce que la Chine n'a pas encore su mettre en place.

En revanche, si l'Inde a visiblement évolué au-delà de ce que les Indiens eux-mêmes appelaient le « taux de croissance strictement hindou » de 2-3 %, l'héritage d'une bureaucratie étouffante demeure. Le pays n'a pas encore su attirer les investissements étrangers et, sur le chemin de la réforme économique, il est confronté à d'importants écueils politiques. Le sous-continent est aussi handicapé par le fardeau d'une large partie de sa population vivant très en deçà du seuil de pauvreté. En outre, certains observateurs voient affleurer les tensions communautaires, en évoquant le déclin généralisé de la laïcité, la montée des partis politiques régionaux ou fondés sur les castes, et le « pogrom » de 2002 contre la minorité musulmane du Gujerat. Ce seraient là autant de preuves d'une tendance en voie d'accentuation.

Plusieurs facteurs pourraient affaiblir les perspectives de croissance économique de la Chine, surtout les risques d'instabilité politique et les défis qui se profilent pour le secteur financier chinois, à mesure qu'il s'oriente plus pleinement vers le marché. La Chine pourrait finir par trouver sa voie propre vers une « démocratie asiatique », qui n'entraînerait ni instabilité majeure ni perturbation de sa croissance économique. Il subsiste néanmoins un grand nombre d'inconnues.

À beaucoup d'autres titres, la Chine et l'Inde ressemblent encore à des États en voie de développement. C'est surtout vrai en raison des problèmes qu'elles ont à surmonter, notamment leur grand nombre d'habitants, surtout dans les zones rurales, qui n'ont pas pu bénéficier des principaux avantages de la croissance économique. Mais elles sont aussi confrontées à une grave épidémie de sida qui, si elle n'était pas maîtrisée, pourrait sérieusement affecter leurs perspectives économiques. Selon des données récentes émanant de l'ONU, l'Inde aurait dépassé l'Afrique du Sud pour le nombre de malades infectés par le virus VIH.

En conclusion, l'Inde aurait du mal à accélérer son rythme de croissance économique pour rejoindre les niveaux atteints par la Chine au cours de la dernière décennie. Mais l'aptitude de l'Empire du Milieu à soutenir la cadence actuelle est probablement exposée à davantage de risques que ce n'est le cas pour l'Inde. Si la croissance chinoise devait ralentir de plusieurs points, l'Inde pourrait alors émerger, au tournant de 2020, comme l'économie à la croissance la plus rapide.

Les experts s'accordent pour considérer le Brésil comme un État de premier plan, avec une démocratie dynamique, une économie diversifiée, une population animée de l'esprit d'entreprise, un vaste patrimoine national et de solides institutions économiques. Le succès ou l'échec du Brésil dans l'équilibrage des mesures qu'il a su prendre pour soutenir sa croissance économique, avec un programme social ambitieux destiné à réduire la pauvreté et les inégalités de revenus, aura un profond impact, à l'échelle régionale, sur ses performances économiques et sa gestion des affaires publiques dans les quinze prochaines années. Attirer les investissements étrangers directs, gagner en stabilité et faire progresser une intégration équitable à l'échelon régional – notamment avec des infrastructures économiques et commerciales –, ces axiomes resteront probablement ceux de la politique étrangère brésilienne. Le Brésil est un partenaire naturel des États-Unis et de l'Europe, mais aussi des puissances montantes comme la Chine et l'Inde. Il détient tout le potentiel nécessaire pour peser davantage en tant qu'exportateur de pétrole.

Les experts estiment qu'au cours des quinze années à venir l'Indonésie devrait renouer avec des taux de croissance de l'ordre de 6 à 7 %. Avec l'augmentation de sa population déjà relativement importante, qui passerait de 226 à quelque 250 millions d'habitants, il compterait parmi les plus grands pays en voie de développement. Une telle croissance élevée supposerait un environnement plus favorable pour ses investissements, notamment avec une protection des droits de la propriété intellectuelle et une ouverture aux fonds étrangers. En cas de croissance plus lente, son économie serait incapable d'absorber sa force de travail au chômage ou sous-employée, augmentant ainsi le risque d'une plus grande instabilité politique. L'Indonésie est un amalgame de groupes ethniques et religieux divers. Même si une identité indonésienne s'est forgée au cours des cinq dernières décennies, depuis l'indépendance, le gouvernement est encore sous la pression de mouvements sécessionnistes acharnés.

Les ressources énergétiques de la Russie vont doper sa croissance économique, mais elle affronte tout de même un grave défi démographique. C'est la conséquence d'un faible taux de natalité, d'un système de santé médiocre et d'une exposition au risque VIH potentiellement forte. Les projections du Bureau de recensement des États-Unis montrent que la population en âge de travailler va probablement diminuer fortement d'ici à 2020. La trajectoire actuelle de la Russie, qui l'éloigne du pluralisme et la rapproche de l'autoritarisme bureaucratique, diminue aussi ses chances d'attirer les investissements étrangers. Ceux-ci se cantonnent en effet au secteur de l'énergie, ce qui limite d'autant les perspectives de diversification de son économie. Les problèmes qu'elle rencontre le long de ses frontières méridionales – extrémisme islamiste, terrorisme, États faibles et gouvernements médiocres, conflits – vont probablement empirer au cours des quinze années à venir. À l'intérieur même du territoire russe, les républiques autonomes du Nord-Caucase risquent de déboucher sur un échec et demeurent une source de tensions et de conflits endémiques. Dans le monde complexe de 2020, ces facteurs sociaux et politiques limiteront sans doute les ambitions de la Russie en tant qu'acteur mondial majeur. Cependant, même si elle est en proie à des troubles, elle pourrait s'imposer comme un partenaire important aussi bien pour les puissances établies comme les États-Unis et l'Europe, que pour les puissances émergentes comme la Chine et l'Inde. Enfin, la Russie possède les outils nécessaires pour peser davantage vis-à-vis des autres, du fait de sa position d'exportateur net de pétrole et de gaz.

Asie : le poste de pilotage du changement mondial ?

Selon les experts régionaux que nous avons consultés, l'Asie sera le continent emblématique de la plupart des tendances lourdes susceptibles de façonner le monde des quinze prochaines années. Toutefois, l'Asie du Sud-Est et l'Asie du Nord-Est vont progresser en suivant des parcours divergents. Les pays du Nord vont devenir plus riches et plus puissants, tandis que certains États du Sud risquent de prendre du retard dans le domaine économique et continueront d'affronter de profonds clivages ethniques et religieux. Tandis que l'Asie du Nord-Est s'imposera comme centre de gravité politique et économique pour les nations du Sud, certaines parties de l'Asie du Sud-Est seront à la source de menaces transnationales – terrorisme et crime organisé – pour leurs voisins du Nord. Ces divisions Nord/Sud se refléteront vraisemblablement dans une scission culturelle entre l'Asie du Nord-Est non musulmane, qui s'adaptera à l'élargissement constant de la mondialisation, et l'Asie du Sud-Est, où le fondamentalisme islamique risque de multiplier les incursions dans des États tels que l'Indonésie, la Malaisie et certaines régions des Philippines. La réaffectation des investissements en direction de la Chine et de l'Inde pourrait aussi pousser l'Asie du Sud-Est à planifier, d'ici à 2020, une communauté économique et une zone d'investissement homogènes.

Ces experts considèrent aussi que les facteurs démographiques joueront un rôle clef dans l'évolution de certaines situations régionales. La Chine et d'autres pays d'Asie du Nord-Est, notamment la Corée du Sud, connaîtront un ralentissement de leur croissance démographique. Dans les quinze années à venir, ces peuples vont « grisonner ». La Chine devra aussi faire face aux conséquences d'un déséquilibre entre les sexes, généré par sa politique de l'enfant unique. Dans certains pays d'Asie du Sud-Est comme les Philippines et l'Indonésie, des populations en pleine expansion représenteront un défi pour la capacité des gouvernements à leur fournir les services de base. Ces pressions exercées par la population et la pauvreté vont renforcer les flux migratoires à l'échelle de la région et en direction de l'Asie du Nord-Est. De fortes concentrations de population et des voyages de plus en plus aisés vont favoriser la propagation des maladies infectieuses, au risque de voir éclater des pandémies.

Les experts de ces régions ont aussi jugé que la possibilité d'un conflit interétatique majeur demeure plus élevée en Asie que dans d'autres régions. Selon leurs anticipations, on assistera probablement d'ici à 2020 à des crises ouvertes dans la péninsule coréenne et le détroit de Taïwan, au risque de voir ces conflits entraîner des répercussions planétaires. En même temps, la violence au sein des États du Sud-Est asiatique – sous la forme d'insurrections séparatistes et d'actions terroristes – pourrait s'intensifier. La Chine serait aussi exposée à des troubles intérieurs prolongés du fait de mouvements séparatistes armés le long de ses frontières occidentales.

Enfin, les rôles respectifs des grandes puissances de la région – Chine, Japon, États-Unis – et leur interaction subiront un changement significatif. Certes, les États-Unis et la Chine ont des raisons fortes de préférer éviter la confrontation. Toutefois, la montée du nationalisme en Chine et les craintes, aux États-Unis, de voir cette dernière s'imposer comme un rival stratégique en puissance, seraient susceptible d'alimenter une relation d'antagonisme de plus en plus marquée. Quant aux relations du Japon avec les États-Unis et la Chine, elles seront déterminées par l'ascension de cette dernière et par la nature de l'accord qui finirait par se conclure dans la péninsule de Corée et autour de Taïwan.

L'Afrique du Sud va devoir encore et toujours relever trois défis : le sida, ainsi qu'une criminalité et une pauvreté largement répandues. Toutefois, les perspectives de son économie – la première de la région – semblent prometteuses. D'après certaines prévisions, les projections de croissance de l'économie sud-africaine sur la prochaine décennie se situent dans une fourchette de 4 à 5 %, si l'État met en œuvre une politique de réformes. Sur la question de savoir si l'Afrique du Sud pourra devenir un moteur au-delà de l'Afrique méridionale, pour nouer des relations avec des puissances moyennes ou émergentes d'autres continents, les experts divergent. Quant aux spécialistes sud-africains rompus à ces exercices de projection, ils voient l'avenir du pays résider dans les partenariats qu'il saura instaurer à l'extérieur de la région.

LES PUISSANCES « VIEILLISSANTES »

Au cours des deux dernières décennies, les intérêts économiques du Japon en Asie se sont déplacés de l'Asie du Sud-Est vers l'Asie du Nord-Est – principalement en Chine dans le triangle Chine-Japon-Corée. Les analystes pensent que le vieillissement de la population active japonaise va renforcer la dépendance de l'archipel nippon vis-à-vis de ses investissements à l'étranger et son intégration économique avec l'Asie du Nord-Est, surtout avec la Chine[1]. En même temps, les inquiétudes nippones concernant la stabilité de la région trouveront sûrement matière à s'accentuer. Mentionnons surtout la crise récurrente avec la Corée du Nord, les tensions continuelles entre la Chine et Taïwan et le défi de l'intégration d'une Chine et d'une Inde en pleine ascension. Cette dernière s'effectuera-t-elle sans troubles majeurs ? En tout état de cause, la puissance économique croissante de la Chine va exacerber l'activisme du Japon sur la scène mondiale.

Les sondages attestent un soutien de plus en plus vif de l'opinion envers le Japon, qui devient un pays « nor-

1. *Changement du paysage stratégique en Asie*, Foreign Policy Research Institute, 26 novembre 2003.

mal », avec une politique étrangère pleine d'initiatives. Les experts envisagent plusieurs trajectoires que le Japon serait amené à suivre, en fonction de critères comme la portée de la puissance chinoise montante, la résurgence ou l'absence de vitalité de l'économie japonaise sur le moyen terme, le niveau d'influence des États-Unis dans la région et le rôle des situations coréenne et taiwanaise. Par exemple, à un certain stade, le Japon risque de devoir choisir entre « contrebalancer » la Chine, ou « monter dans le train en marche ».

À plus d'un titre – taille de son marché, monnaie unique, main-d'œuvre hautement qualifiée, gouvernements démocratiques stables, marché unifié et PIB –, une Europe élargie aura les atouts pour peser davantage sur la scène internationale. Sa position de carrefour et la diversité croissante de sa population – en particulier depuis qu'elle a su attirer de nouveaux membres – lui prêtent une aptitude unique à forger des liens forts au sud (monde musulman et Afrique) et à l'est (Russie et Eurasie).

Jusqu'où l'Europe saura-t-elle exercer son influence sur la scène mondiale ? Cela dépendra de sa faculté à pousser plus loin sa cohésion politique. À court terme, l'accueil de dix nouveaux membres d'Europe orientale aura probablement un effet de « traîne » sur l'approfondissement des institutions de l'Union européenne, nécessaire au développement d'une « vision stratégique » cohérente et partagée, dans le cadre d'une politique étrangère et de sécurité communautaire.

• À l'inverse de ce qui s'est passé lors de l'élargissement de l'Union à l'Irlande, à l'Espagne, au Portugal et à la Grèce, lorsque ces quatre pays ont rejoint le Marché commun dans les années 1970 et au début des années 1980, Bruxelles ne dispose que d'une petite partie des fonds structurels disponibles pour rapidement hisser les Européens d'Europe centrale aux niveaux économiques du reste du continent.

• Une éventuelle adhésion de la Turquie est à la fois porteuse de défis et d'opportunités – en raison de la taille du pays et de ses différences religieuses –, pourvu que l'on parvienne à une reconnaissance et un accord mutuels. En œuvrant à la résolution des problèmes, on pourrait trouver une voie susceptible d'aider l'Europe à adapter et à intégrer sa population musulmane toujours plus nombreuse.

C'est une quasi-certitude : les coûts de défense des pays européens pris individuellement, notamment le Royaume-Uni, la France et l'Allemagne, reculeront derrière celles de la Chine et d'autres pays. En revanche, collectivement, ces pays dépenseront plus que tous les autres, excepté les États-Unis et peut-être la Chine[1]. Tout au long de leur histoire, et malgré des progrès vers la sécurité et le rôle défensif de l'Union, les États membres de l'UE ont eu des difficultés à coordonner et à rationaliser leurs dépenses de défense afin de doper leurs capacités militaires. La question de la création d'une armée européenne reste ouverte, pour partie parce qu'elle ferait office de doublon et remplacerait les forces de l'OTAN.

Si ses forces militaires possèdent une faible capacité de projection, la force de l'Europe peut résider dans sa faculté de fournir un modèle de gouvernement mondial et régional aux puissances émergentes, grâce à son engagement dans le multilatéralisme. Ce sera surtout vrai si ces puissances recherchent une solution de rechange « occidentale » à leur forte dépendance à l'égard des États-Unis. Par exemple, une alliance Union

1. *Tendances stratégiques*, Joint Doctrine and Concepts Centre, mars 2003.

européenne-Chine, si elle demeure encore peu vraisemblable, n'est plus tout à fait impensable.

Des populations vieillissantes et une main-d'œuvre plus resserrée dans la quasi-totalité des pays européens auront un impact important sur le continent. Cela représentera pour eux un défi politique et économique grave, mais pas insurmontable. Le taux de fertilité de l'ensemble de l'Europe s'établit à 1,4 (très au-dessous du seuil de renouvellement des générations qui est à 2,1). Au cours des quinze prochaines années, les économies d'Europe de l'Ouest auront besoin de trouver plusieurs millions de travailleurs, afin de combler les emplois laissés vacants par les départs en retraite. Les pays de l'Union devront donc adapter leur main-d'œuvre, réformer leurs systèmes de protection sociale, leurs systèmes éducatifs et leurs régimes fiscaux, tout en accueillant des populations immigrées de plus en plus nombreuses (surtout venues des pays musulmans). Faute de quoi, ils seront confrontés à une période de stagnation économique prolongée, qui pourrait menacer les immenses acquis résultant de la création d'une Europe unifiée.

Vieillissement mondial et migrations

Selon les projections chiffrées du Bureau du recensement des États-Unis, la moitié environ de la population mondiale vit dans des pays ou des territoires dont les taux de fertilité ne suffisent pas au remplacement de la population actuelle. Cela concerne l'Europe, la Russie et le Japon, où le problème est particulièrement aigu, mais aussi la plupart des régions développées comme l'Australie, la Nouvelle-Zélande, l'Amérique du Nord et quelques pays d'Asie du Sud-Est, comme Singapour, Hong Kong, Taïwan et la Corée du Sud. Certaines autres nations du monde en voie de développement, notamment des États arabes et musulmans comme la Turquie, l'Algérie, la Tunisie et le Liban, sont en perte de vitesse par rapport au seuil de 2,1 enfants par femme, nécessaire au maintien de la stabilité d'une population sur le long terme[1].

La Chine est un cas à part. La transition vers une population vieillissante – près de quatre cents millions de Chinois auront plus de soixante-cinq ans en 2020 – est particulièrement brutale, et l'apparition d'un grave déséquilibre entre les sexes pourrait avoir des répercussions politiques, sociales et même internationales de plus en plus prononcées. À l'échelle d'une nation, l'absence de tout système de retraite doté d'un mode de financement signifierait que beaucoup de Chinois devraient continuer de travailler jusque très tard dans leur vie.

L'immigration serait la solution potentielle de ce problème d'une force de travail déclinante en Europe et, dans une moindre mesure, en Russie et au Japon. Elle deviendra sans doute un trait de plus en plus dominant du monde de 2020, même si beaucoup d'immigrés resteront sans statut légal. Les pays d'accueil seront confrontés au défi de l'intégration de ces nouveaux immigrants, afin de minimiser les risques de conflits éventuels.

• Pour les économies en voie de développement, la prise en charge des travailleurs immigrés est de plus en plus importante. Certains économistes ont calculé que, pour la plupart des pays pauvres, ces sortes d'incitations financières à l'émigration constituent un meilleur moyen que les investissements directs à l'étranger

---

1. Nicholas Eberstadt, « Quatre surprises dans la démographie mondiale », *Watch on the West*, Foreign Policy Research Institute, vol. 5, numéro 5, juillet 2004.

et, dans certains cas, ils sont même plus intéressants que l'exportation.

Toutefois, aujourd'hui, la moitié des docteurs en médecine et des titulaires de doctorat nés au Nigeria résident aux États-Unis. Pour la plupart, les experts ne s'attendent pas à voir diminuer l'actuelle « fuite des cerveaux » d'Afrique et du Moyen-Orient. En fait, elle pourrait s'accentuer, avec la hausse attendue des offres d'emploi, en particulier en Europe.

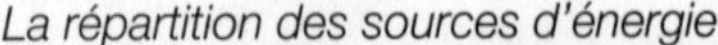

En 2020, les combustibles fossiles resteront prédominants

La répartition des sources d'énergie

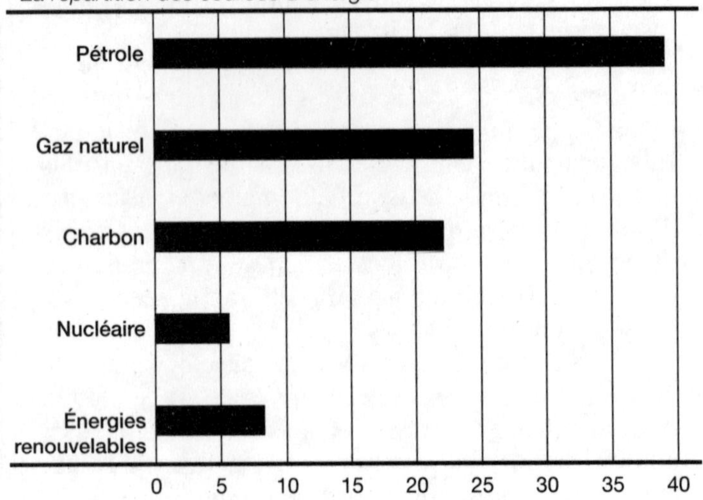

Source : Energy Information Administration, *Annual Energy Outlook*, 2004.

DES DEMANDES ÉNERGÉTIQUES CROISSANTES

Jusqu'en 2020, ces demandes en augmentation – surtout dans les puissances montantes – auront un impact substantiel sur les relations géopolitiques. La croissance mondiale – et surtout celle de la Chine et de l'Inde – restera le facteur le plus important affectant la demande en énergie.

• En dépit de la tendance à un emploi plus efficace, le total de l'énergie consommée va probablement augmenter de 50 % au cours des deux décennies à venir. Ce pourcentage de hausse est à comparer avec l'expansion de 34 % de la période 1980-2000, avec une part d'approvisionnement plus importante fournie par le pétrole.

• En 2020, les sources d'énergies renouvelables, comme l'hydrogène liquide, le solaire et l'énergie éolienne, ne représenteront certainement que 8 % environ des approvisionnements d'énergie. Si la Russie, la Chine et l'Inde prévoient toutes trois une extension de leur parc nucléaire, sur la prochaine décennie, en chiffres absolus, l'énergie de l'atome va sûrement enregistrer un déclin à l'échelle planétaire.

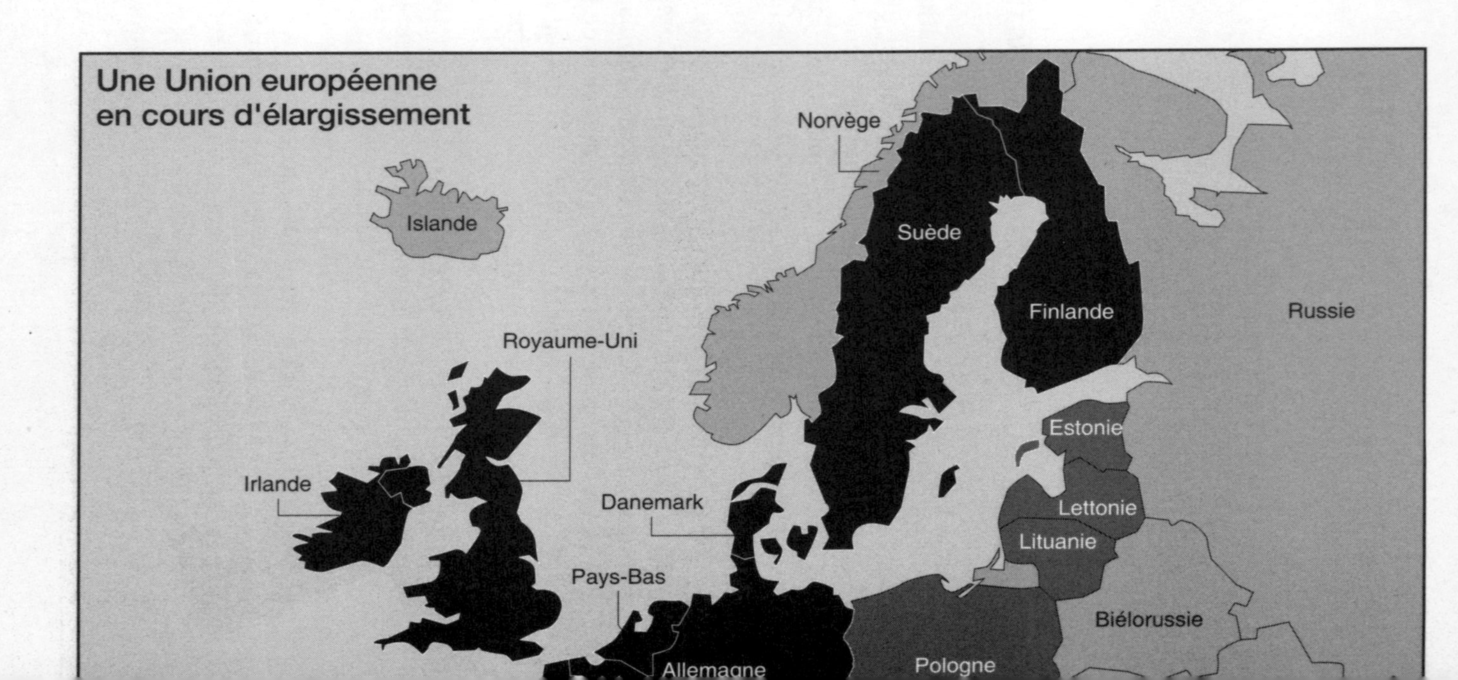
Une Union européenne
en cours d'élargissement
Norvège
Islande
Suède
Finlande
Russie
Royaume-Uni
Irlande
Danemark
Estonie
Lettonie
Lituanie
Pays-Bas
Biélorussie
Allemagne
Pologne

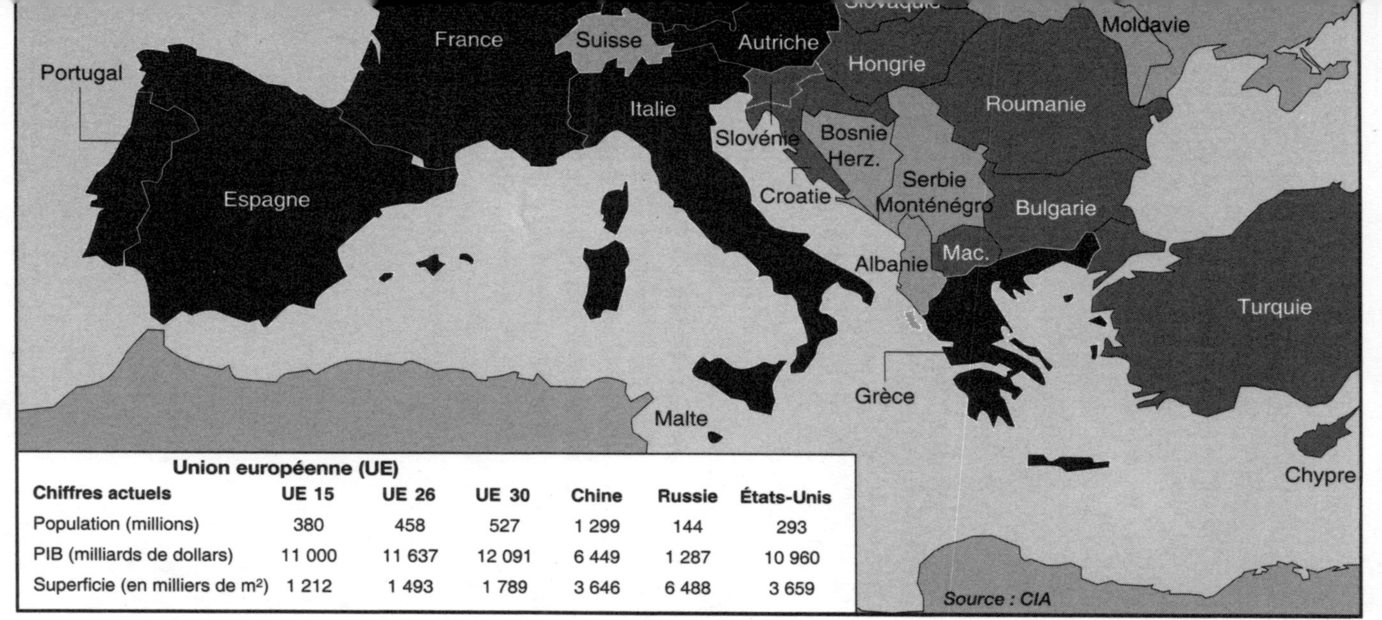

Union européenne (UE)						
Chiffres actuels	**UE 15**	**UE 26**	**UE 30**	**Chine**	**Russie**	**États-Unis**
Population (millions)	380	458	527	1 299	144	293
PIB (milliards de dollars)	11 000	11 637	12 091	6 449	1 287	10 960
Superficie (en milliers de m²)	1 212	1 493	1 789	3 646	6 488	3 659

L'Europe pourrait-elle devenir une superpuissance ?

D'après les experts régionaux que nous avons consultés, le rôle international futur de l'Europe dépend grandement des réformes structurelles qu'elle engagera sur les plans économique et social pour traiter le problème d'une population active vieillissante. Le tableau démographique européen réclame en effet une approche concertée et multidimensionnelle.

• Davantage d'immigration légalisée et une meilleure intégration des travailleurs qui viendront surtout d'Afrique du Nord et du Moyen-Orient sont à prévoir. Même si l'Europe de l'Ouest n'accueillait plus de travailleurs immigrés, elle aurait à intégrer une population musulmane de plus en plus nombreuse. Exclure toute augmentation du nombre des entrées légales sur le territoire européen risque de déboucher sur un afflux encore plus important d'illégaux, qui seront plus difficiles à intégrer, ce qui posera un problème à long terme. Il n'est pas exclu de miser sur le fait que les nations européennes réussissent à adapter leur main-d'œuvre et leurs systèmes de protection sociale à ces nouvelles réalités. Il est plus difficile d'imaginer qu'un pays – l'Allemagne, par exemple – parvienne à assimiler des millions de nouveaux immigrés musulmans en un bref laps de temps.

• La flexibilité accrue sur le lieu de travail, comme d'encourager les jeunes femmes à prendre quelques années sabbatiques pour fonder une famille avec la garantie de réintégrer l'entreprise, sera envisageable. Encourager les « jeunes seniors » (cinquante à soixante-cinq ans) à travailler plus longtemps ou à se réinsérer dans la population active contribuerait aussi à remédier aux pénuries de main-d'œuvre.

Les experts considèrent que l'État-providence actuel est insoutenable à terme et que l'absence d'une quelconque revitalisation économique pourrait mener à une fragmentation ou, pis, à une désintégration de l'Union européenne. Une telle évolution saperait toutes ses ambitions de poids lourd international.

Ces analystes jugent que le taux de croissance de l'UE est tiré à la baisse par l'Allemagne et son droit du travail trop restrictif. Des réformes structurelles – ainsi qu'en France et en Italie, quoique dans une moindre mesure – demeurent la clef. Et c'est cette clef qui peut permettre à l'Union européenne de sortir de son modèle de croissance ralentie. Une rupture totale avec le modèle d'État-providence issu de l'après-Seconde Guerre mondiale n'est peut-être pas indispensable, comme le démontre l'exemple suédois. La Suède a ainsi pu apporter à ses entreprises davantage de flexibilité tout en conservant l'essentiel de leurs droits aux travailleurs. Les observateurs doutent que les dirigeants politiques actuels soient prêts à s'engager même dans une rupture partielle. Ils en concluent donc que la crise budgétaire qui menace dans les cinq années à venir serait en fin de compte le déclic le plus vraisemblable d'une telle réforme.

Si aucun changement n'était mis en œuvre, l'Europe pourrait connaître un ralentissement généralisé, et certains pays risqueraient d'emprunter leur voie propre, en particulier en matière de politique étrangère, tout en restant membres formels de l'Union. Dans un tel cas de figure, l'élargissement de l'Union se figerait dans sa configuration actuelle, rendant l'accession de la Turquie et des pays balkaniques peu probable, sans parler des possibilités à long terme concernant la Russie ou l'Ukraine. S'en tenir au strict nécessaire afin de préserver des taux de croissance de 1 ou 2 % peut permettre une certaine expansion, mais l'Europe ne serait sans doute pas en mesure de jouer un rôle international majeur en accord avec sa taille.

En plus du besoin d'une croissance économique plus musclée ainsi que de réformes sociales et des systèmes de santé, beaucoup d'observateurs considèrent que l'UE doit continuer de rationaliser son processus de décision trop compliqué, qui entrave l'action commune. Une Europe fédérale – peu probable à l'échéance 2020 – n'est pas nécessaire pour permettre à l'Europe de jouer un rôle international plus important. Il lui suffirait en effet de se mettre à mobiliser ses ressources et à savoir opérer la fusion de points de vue divergents dans des objectifs qui se traduiraient par des politiques communautaires. Ces mêmes observateurs s'accordent à penser qu'un « bond en avant » économique pourrait déclencher une telle initiative internationale et stimulerait une confiance et un enthousiasme renouvelés dans le projet européen.

L'Agence internationale de l'énergie estime que, avec des investissements substantiels dans de nouvelles capacités énergétiques, le total des approvisionnements suffira à satisfaire une demande mondiale en hausse.

Toutefois, un accès limité des compagnies pétrolières multinationales aux grands champs pétrolifères pourrait brider ces investissements. Qui plus est, beaucoup de régions sur lesquelles on compte – mer Caspienne, Venezuela, Afrique de l'Ouest et mer de Chine méridionale – pour accroître la production présentent aussi des risques politiques ou économiques non négligeables. Les fournisseurs traditionnels du Moyen-Orient sont aussi de plus en plus instables. C'est pourquoi une concurrence plus vive sur le plan des ressources, attisée par la demande, et accompagnée le cas échéant de perturbations majeures dans les approvisionnements, fait partie des incertitudes déterminantes.

La Chine et l'Inde, qui manquent de ressources en énergies adéquates, devront s'assurer un accès fiable et constant vers des fournisseurs extérieurs. En conséquence, le besoin en énergie constituera un facteur déterminant de leurs politiques étrangères et de défense respectives, supposant l'extension de leur puissance navale.

• Les analystes pensent que la Chine aura besoin d'augmenter sa consommation d'énergie de 150 %, et l'Inde devra presque doubler la sienne d'ici à 2020, si l'une et l'autre veulent maintenir un taux de croissance économique stable.

• Les besoins en énergie de Pékin seront de plus en plus grands et vont certainement pousser la Chine à renforcer son rôle actif sur le globe – au Moyen-Orient, en Afrique, en Amérique latine et en Eurasie. En tâchant de maximiser et de diversifier ses approvisionnements énergétiques, la Chine s'inquiétera de sa vulnérabilité face aux pressions de Washington. Les dirigeants chinois craignent en effet que la politique énergétique américaine, qu'ils jugent agressive, ne soit orientée contre Pékin.

• Pendant plus de dix ans, les dirigeants chinois ont ouvertement soutenu que la politique des sociétés chinoises, consistant à investir et produire à l'étranger, était plus sûre qu'une politique d'importations acquises sur le marché international. Les entreprises chinoises ont reçu pour directives d'investir dans des projets dans la région de la Caspienne, en Russie, au Moyen-Orient et en Amérique du Sud, afin de s'assurer des accès plus sûrs.

Les besoins énergétiques de l'Europe ne vont vraisemblablement pas croître dans la même proportion que ceux du monde en voie de développement. Ce sera en partie dû à la croissance plus faible attendue sur le Vieux Continent, mais aussi à son utilisation plus efficace de l'énergie.

La géopolitique du gaz

Les producteurs de gaz et de pétrole disposeront d'une plus forte influence qu'aujourd'hui. Quant à la relation entre producteurs et consommateurs, elle sera certainement très solide, en raison des contraintes sur les procédures de livraison. À l'inverse du pétrole, le gaz n'est pas une source d'énergie fongible, et l'interdépendance induite par les acheminements à l'aide de gazoducs renforce les alliances régionales. Les producteurs doivent être connectés aux consommateurs, et en général aucune des deux parties n'a beaucoup d'autres solutions à sa disposition.

• Plus de 95 % du gaz produit et les trois quarts du gaz vendu sont distribués par gazoducs directement du producteur au consommateur, et la technologie du gaz liquide ne risque pas de changer profondément ces chiffres d'ici à 2020.

• L'Europe aura accès aux sources d'approvisionnements de la Russie et de l'Afrique du Nord, alors que la Chine pourra miser sur la Russie, l'Indonésie et sur les réserves au potentiel immense de l'Australie. Les États-Unis se tourneront presque exclusivement vers le Canada et d'autres fournisseurs de l'hémisphère occidental.

La préférence de plus en plus marquée de l'Europe pour le gaz naturel, allant de pair avec la baisse des réserves de la mer du Nord, redonnera un coup de fouet aux efforts déjà consentis pour renforcer les liens avec la Russie et l'Afrique du Nord. En effet, l'énergie gazière réclame un engagement des deux parties pour la conception et la construction des infrastructures nécessaires. D'après une étude de la Commission européenne, la part d'origine étrangère des approvisionnements énergétiques de l'Union va passer d'environ la moitié en 2000 aux deux tiers en 2020. L'utilisation du gaz va augmenter plus rapidement, en raison des préoccupations environnementales et de la mise hors service progressive de l'essentiel des capacités de production nucléaire de l'UE.

Les approvisionnements par les gazoducs Yamal-Europe et Blue Stream aideront la Russie à augmenter ses ventes de gaz à l'Union européenne et à la Turquie de plus de 40 % par rapport à l'année 2000, dans la première décennie du XXIe siècle. De ce fait, la part de la Russie dans la demande totale européenne passera de 27 % en 2000 à 31 % en 2010. Qui plus est, en tant que premier producteur d'énergie extérieur à l'OPEP, la Russie sera bien placée pour gérer ses réserves de pétrole et de gaz au mieux de ses intérêts, tant en politique intérieure qu'au niveau de sa politique étrangère. L'Algérie possède les huitièmes réserves de gaz du globe et elle cherche aussi à accroître le volume de ses exportations vers l'Europe de 50 % d'ici à la fin de la décennie.

LA PUISSANCE UNIPOLAIRE DES ÉTATS-UNIS – COMBIEN DE TEMPS PEUT-ELLE DURER ?

Un monde centré autour d'une seule superpuissance demeure un cas de figure unique dans les temps modernes. En dépit de la montée de l'antiaméricanisme, la plupart des puissances majeures actuelles considèrent que des contre-mesures comme le rééquilibrage des forces ont peu de chances de fonctionner efficacement dans une situation où les États-Unis contrôlent autant de leviers de pouvoir. En outre, les choix politiques américains ne sont pas perçus comme une menace suffisante, méritant qu'un tel pas soit franchi.

• Dans le monde, et surtout au Moyen-Orient et dans l'univers musulman au sens large, les gens sont de plus en plus nombreux à croire que les États-Unis visent une domination régionale – ou une domination politique et économique directe sur des États tiers et leurs ressources. Dans le futur, une méfiance qui enflerait pourrait inciter des gouvernements à adopter une démarche plus hostile. Cette posture pourrait les conduire au refus de soutenir les intérêts américains dans le cadre des forums internationaux et au déploiement de capacités militaires asymétriques, conçues comme un moyen de se protéger des États-Unis.

La plupart de ces pays vont probablement chercher à expérimenter toute une variété de tactiques, depuis différents degrés de résistance jusqu'à des tentatives d'influer sur la manière dont les États-Unis exercent leur pouvoir. Nous nous attendons à voir certains pays s'engager dans des stratégies destinées à exclure ou à isoler les États-Unis d'Amérique – fût ce de façon temporaire – afin de les contraindre ou de les amadouer, pour qu'ils jouent la partie en appliquant les règles des autres. Beaucoup de nations sont de plus en plus convaincues que le plus sûr moyen d'avoir la maîtrise sur Washington consiste à refuser ou à différer toute coopération. Sinon, appliquant d'autres formes de marchandage, les gouvernements tenteront de trouver des moyens de « monter dans le train en marche » ou de lier leur programme d'action à celui des États-Unis (par exemple dans le cas de la guerre contre le terrorisme), parant ainsi à l'opposition de ces derniers sur d'autres politiques.

SCÉNARIO FICTION : *PAX AMERICANA*

Ce scénario se penche sur la manière dont la prééminence américaine pourrait survivre aux mutations du paysage politique mondial, Washington restant le pivot central de la politique internationale. Il se présente sous la forme d'une entrée de journal personnel, celui d'un secrétaire général de l'ONU fictif, en 2020. Dans ces notes, les alliances et les relations fondamentales entre l'Europe et l'Asie subissent un changement. La coopération États-Unis-Union européenne connaît un renouvellement, et elle intègre le Moyen-Orient. De nouveaux accords de sécurité ont été conclus avec l'Asie, mais c'est toujours aux États-Unis qu'incombent les tâches les plus lourdes. Ce scénario suggère aussi que Washington sera à la lutte pour affirmer son leadership sur un monde de plus en plus divers, de plus en plus complexe, au rythme sans cesse plus rapide. À la fin de cette anticipation, nous formulons les quelques leçons que les uns et les autres ont pu en tirer.

Journal personnel du secrétaire général de l'ONU

11 septembre 2020

Voilà exactement dix-neuf ans, la vue dont jouissait mon prédécesseur, depuis ce bureau du 38e étage des Nations unies, a été transformé par la destruction des Twin Towers. Lorsque le président des États-Unis m'a téléphoné, je lui en ai fait la remarque : ce n'est pas seulement le panorama urbain qui a subi une altération. Un nouvel édifice a été construit à cet emplacement, et il masque en partie la dévastation du 11 septembre, mais les États-Unis ont pu renaître, tel le phénix. Même si c'est un phénix assiégé, il semble avoir récupéré son statut de fondement de l'ordre international.

Je dirais que tout a commencé lorsque l'Europe et les États-Unis ont enfin fini par restaurer leur unité. Il s'avère que Vénus et Mars suivent de temps à autre des orbites qui se croisent. Les attaques terroristes de 2010 en Europe y ont eu une grande part. Elles ont provoqué un changement dans les attitudes, et subitement les Européens ont eu une meilleure appréciation de la dimension catastrophique de ce terrorisme — une tout autre paire de manches par rapport à ce qu'ils avaient déjà connu. Les opinions publiques ont été vite regonflées à bloc, en particulier parce que ces attaques étaient considérées comme totalement injustifiées. Leur gravité était telle que l'Europe et l'Amérique ont cessé d'échanger des invectives et, en réalité, les Européens ont fini par implorer l'Amérique de durcir son action contre le terrorisme.

Le resserrement des rangs transatlantiques a aussi été déclenché par un autre facteur. Un aspect est apparu clairement : l'Europe était plus unifiée que ses amis américains ne l'auraient cru. Dès que les pays d'Europe centrale ont rejoint le club européen, et qu'ils ont intégré les centres de décision de Bruxelles, cette « Nouvelle Europe » de l'élargissement ne s'est pas révélée si différente que cela de la « Vieille Europe » des membres historiques. L'OTAN a traversé une période difficile, mais l'organisation atlantique travaille désormais mieux avec l'Union européenne. Les deux parties admettent, sans doute à contrecœur, que l'OTAN dispose des outils militaires indispensables, alors que l'Union est à même de mettre sur la table sa capacité de bâtisseuse de nations.

Du côté européen, beaucoup a été fait pour parvenir à l'adhésion de la Turquie — un événement auquel je croyais bien ne devoir jamais assister. Avec la perspective de l'entrée des Turcs dans l'Union, les Européens se sont rendu compte que leurs frontières touchaient directement au Moyen-Orient. En d'autres termes, cela leur imposait de mieux se préparer à traiter tous les problèmes liés au terrorisme, au fondamentalisme, aux explosions démographiques.

En faisant front uni, l'Europe a contribué à persuader les États-Unis qu'il fallait tenter quelque chose pour stopper la spirale de violence en Palestine.

Pour les Européens, c'était de tout temps la racine du problème, mais les divisions et l'absence de volonté avaient toujours entravé quelque action concertée que ce fût.

L'énergie et le changement climatique jouent aussi un rôle de plus en plus marqué dans la dynamique Europe-États-Unis, mais pas de la manière à laquelle nous aurions tous pu nous attendre. Pendant un temps, les Européens ont donné l'impression qu'ils essayaient d'isoler l'Amérique, en insistant pour que Washington agisse selon les règles fixées par l'Union européenne. Mais cet espoir devait rester vain, et les dirigeants européens avaient omis de prendre en compte le ressentiment de leurs propres opinions publiques à l'égard de la Chine et l'invocation, par les autres pays en voie de développement, des normes environnementales. Tout à coup, le protocole de Kyoto devenait obsolète, et il fallut réfléchir à une nouvelle structure, intégrant les Américains.

Le rôle des États-Unis en Asie a changé de manière encore plus spectaculaire. La Chine était en plein essor et, même si elle ne lançait pas de défi direct à l'Amérique, il est certain qu'elle la supplantait à l'échelon régional, en particulier sur le plan économique. Les préoccupations de Washington en Irak et à l'égard du terrorisme semblaient de nature à réduire encore le poids des États-Unis. Le Japon restait proche de l'Amérique sur la question irakienne, mais sa dépendance économique à l'égard de la Chine le plaçait en position conflictuelle.

En Corée du Sud, la jeune génération rendait les États-Unis responsables de la division et des problèmes avec le Nord. D'ici à ce que les États-Unis soient mis sur la touche, ce n'était apparemment plus qu'une question de temps.

Ensuite, une série d'événements s'est enchaînée, en modifiant la dynamique en cours. Effrayé par cette situation d'impasse prolongée avec la Corée du Nord, le Japon, à en croire les rumeurs, réfléchissait sérieusement à se doter de sa propre bombe. C'est à peu près vers cette époque que la Chine connut une rechute de son économie, ce qui exacerba la confrontation avec Taïwan. Le ton montait, ce qui contribua aussi à aiguiser les inquiétudes japonaises en Asie du Sud-Est. Initialement, les États-Unis voulurent placer la barre plus haut, mais ils s'aperçurent que beaucoup redoutaient un conflit Chine-États-Unis. Washington finit par réduire sa présence militaire en Corée et au Japon. Personne ou presque ne voulait voir les États-Unis se retirer complètement de la partie. Même la Chine, je crois, voit en secret quelque vertu au fait d'avoir les États-Unis dans les parages, dans la mesure où cela pousse ses rivaux à accepter l'influence économique et politique grandissante de Pékin.

Ce n'est certes pas un mariage idyllique ; les États-Unis et la Chine doivent travailler ferme pour éviter tout dérapage. En revanche, je discerne davantage de nuages au-dessus de Taiwan.

Là, l'horizon est plus sombre. Le nationalisme semble peser sur tous les esprits. La classe moyenne chinoise montante apparaît moins séduite par la démocratie que par le nationalisme.

Les inquiétudes sur les approvisionnements énergétiques ont aussi tourné à l'avantage de l'Amérique. Un Moyen-Orient stable est une nécessité absolue pour la Chine tout comme pour l'Europe, pour des raisons liées à l'énergie. Washington joue aussi de plus en plus un rôle d'équilibrage entre les sunnites et les chiites. L'Amérique n'était sans doute pas prête à voir un Irak libre et dominé par les chiites se mettre à bousculer les équilibres et à faire monter les tensions, justement dans la région d'où provient la plus grande partie du pétrole du globe. Pour les Américains, ce n'était pas là une position enviable.

J'ai parfois le sentiment que beaucoup d'Américains sont fatigués de jouer les gendarmes du monde. Tout le fardeau de la sécurité de la planète repose encore sur leurs épaules. C'est la source de leur agacement vis-à-vis des Européens, qui entendent, pour leur part, se concentrer sur l'Union européenne. Les Américains crurent à un échange de bons procédés – Washington se chargerait du travail de fond avec Israël, en échange de quoi les Européens seraient disposés à expédier des fonds et des troupes pour constituer une force de maintien de la paix au Proche-Orient. Mais tous ces projets semblent aller à vau-l'eau.

Combien de temps durera la Pax Americana ?
Je ne le sais pas vraiment. Elle n'a guère donné lieu à la création de nouvelles institutions. Assurément, les Nations unies fonctionnent un peu mieux, car il y a davantage de coopération entre ses membres, mais nous avons conduit peu de réformes.
L'Inde manifeste de plus en plus sa frustration.
Les Africains, les Latino-Américains et les Asiatiques les plus pauvres se sentent encore sous-estimés et certains nourrissent même un certain ressentiment envers l'ascension de la Chine et de l'Inde, qui les a privés de certaines opportunités. La Commission des Droits de l'homme, qui s'est transformée voici quelques années en Commissions des Droits de l'homme et des Questions éthiques, est dans l'impasse, tant sur le problème du clonage humain que sur ceux des OGM et de la régulation éventuelle de la consommation d'énergie sur le plan planétaire.
En dépit de toute la coopération pratique à laquelle nous avons pu assister en matière de terrorisme, nous ne sommes pas encore parvenus à une définition commune susceptible d'unir tous nos pays autour d'une stratégie antiterroriste.
Pour couronner le tout, je suis à l'heure actuelle engagé dans une lutte féroce sur deux fronts, afin de conserver le siège des Nations unies à New York.
Je me trouve en butte à la fois aux groupes défenseurs du principe de « l'Amérique d'abord » appelant au déménagement du siège de l'ONU et à la grande majorité des Européens et des Asiatiques qui pensent que les Nations unies sont trop sous la coupe de Washington.

Je me demande souvent quels réels progrès nous avons accomplis. Je dois parler au président des États-Unis la prochaine fois que nous nous reverrons « entre nous »...

Leçons à retenir

L'environnement géopolitique dans lequel la puissance américaine resterait dominante deviendrait néanmoins encore plus complexe.

- Une Chine en plein essor risque de placer les États-Unis dans une position différente, en les contraignant à tenir lieu de balancier entre elle d'un côté, le Japon et les autres pays asiatiques de l'autre.

Plusieurs coalitions rivales finiraient certainement par se combattre sur des questions de morale et d'éthique. Le leadership des États-Unis serait toujours recherché, mais notre scénario suggère que parvenir à un consensus exigerait de la dextérité.

Et la *Pax americana* ne serait pas non plus nécessairement une affaire de tout repos pour Washington.

- Certaines attentes profondément ancrées quant au rôle moteur des États-Unis en matière de sécurité seraient certainement difficiles à modifier, en particulier si l'on considère cette réalité sous-jacente : ils sont les seuls à disposer de la capacité militaire nécessaire.
- Enfin, ce scénario laisse entendre que l'architecture du système international n'est pas conçue pour le partage de la charge en matière de sécurité. En dehors de l'OTAN, dominé par les États-Unis, aucune autre organisation de sécurité de dimension régionale ne semble opérationnelle dans notre cas de figure.

LES NOUVEAUX DÉFIS DE LA GOUVERNANCE

L'État-nation continuera d'être la structure dominante de l'ordre planétaire, mais la mondialisation économique et la dissémination des technologies, surtout dans l'informatique, feront peser d'énormes contraintes sur les gouvernements. Des régimes qui étaient encore capables de relever certains obstacles dans les années 1990 pourraient se laisser submerger par les nouveaux défis de 2020. Des forces contradictoires seront à l'œuvre : des régimes autoritaires seront confrontés à de nouvelles pressions vers la démocratisation, mais de jeunes démocraties encore fragiles risquent aussi de manquer des capacités d'adaptation nécessaires à leur survie et à leur développement.

• Avec une immigration en augmentation dans plusieurs régions du globe – de l'Afrique du Nord et du Moyen-Orient vers l'Europe, de l'Amérique latine, des Caraïbes vers les États-Unis, et de plus en plus de l'Asie du Sud-Est vers l'hémisphère Nord –, les pays multiethniques et multireligieux seront aussi plus nombreux. Ils auront à faire face à l'intégration de leurs immigrés au sein de leurs sociétés, dans le respect de leurs identités ethniques et religieuses.

UN COUP D'ARRÊT AUX PROGRÈS DE LA DÉMOCRATISATION

La croissance économique mondiale possède tout le potentiel nécessaire pour aiguillonner la démocratisation. Néanmoins, il est fort possible que beaucoup de pays considérés comme faisant partie de la « troisième vague » de la démocratisation fassent marche arrière. En particulier, d'ici à 2020, cette démocratisation risque de subir un échec partiel parmi les États de l'ex-Union soviétique et d'Asie du Sud-Est. D'ailleurs, il faut rappeler que certains de ces États n'ont jamais vraiment embrassé la démocratie. La Russie et la quasi-totalité des régimes d'Asie centrale semblent régresser vers l'autoritarisme et, en soi, la croissance économique mondiale ne suffira sans doute pas à inverser cette tendance. Le développement d'économies plus diversifiées dans ces pays – qui n'a rien d'inévitable – serait crucial pour encourager le déploiement d'une classe moyenne qui, à son tour, pousserait à la démocratisation.

• Déjà assaillis par de graves inégalités économiques, les dirigeants vieillissants de l'Asie centrale ont fort à faire avec de vastes populations jeunes et indisciplinées, qui manquent d'ouvertures économiques dignes de ce nom. Les gouvernements d'Asie centrale vont probablement réprimer les dissidences et miser sur le retour à l'autoritarisme pour maintenir l'ordre, au risque de provoquer des soulèvements.

Les dirigeants chinois seront confrontés à un dilemme. Jusqu'où pourront-ils s'adapter à la pression du pluralisme ou relâcher leurs mécanismes de contrôle politique, ou, dans le cas contraire, essuyer des réactions brutales de leur peuple s'ils s'en abstiennent ? Pékin doit aussi mettre en balance son ambition de devenir un acteur mondial de premier plan, position qui se trouverait encore rehaussée si les leaders chinois s'orientaient vers la réforme politique.

La Chine peut suivre une « voie asiatique » vers la démocratie, susceptible de comprendre des élections au niveau local et un mécanisme de démocratie consultative à l'échelon national. Dans ce cadre, le Parti communiste conserverait la maîtrise du gouvernement central.

Pays d'Eurasie : chacun pour soi ?

Les experts régionaux qui ont participé à notre conférence ont estimé que le développement politique de la Russie depuis la chute du communisme a été compliqué par la recherche continuelle d'une identité nationale postsoviétique. Vladimir Poutine a fait de plus en plus appel au nationalisme russe – et, à l'occasion, à la xénophobie – pour définir cette identité russe. Ses successeurs risquent fort de la définir en mettant en valeur le passé impérial de la Russie et sa domination sur ses voisins, tout en rejetant l'idéologie communiste.

Du point de vue de ces observateurs, les États d'Asie centrale sont affaiblis, exposés à un risque considérable de conflits religieux et ethniques dans les quinze années à venir. Les mouvements ethniques et religieux pourraient avoir un impact déstabilisateur dans toute la région. L'Eurasie va probablement devenir une partie du monde plus différenciée, malgré la présence de contrepoids démographiques de nature à aider la région à trouver une certaine cohésion. Mentionnons par exemple une possible pénurie de main-d'œuvre en Russie et en Eurasie occidentale, allant de pair avec une surabondance de main-d'œuvre en Asie centrale. En outre, les Russes et les Asiatiques d'Asie centrale risquent certainement de coopérer à la mise en place de couloirs d'acheminement de leurs approvisionnements en énergie.

Les participants à cette réflexion ont pu estimer que, de tous les pays riches en ressources, la Russie possède les meilleures perspectives d'expansion de son économie, au-delà même de sa seule capacité d'extraction de ses ressources naturelles, et tous les atouts pour mieux s'intégrer dans l'économie mondiale. Pour diversifier son économie, la Russie aurait besoin de mener à bien des mutations structurelles et d'instituer un véritable État de droit, ce qui encouragerait ensuite les investissements extérieurs directs à pénétrer d'autres secteurs que l'énergie. Comme l'Europe aurait probablement le désir de forger une « relation particulière » avec les Russes si ces derniers se renforçaient au plan économique, Moscou serait alors sans doute plus enclin à tolérer le rapprochement des anciens États soviétiques avec l'Europe. En revanche, si la Russie ne parvient pas à diversifier son économie, elle pourrait bien connaître le phénomène propre aux États pétroliers : un développement économique en déséquilibre, d'énormes inégalités de revenus, une fuite des capitaux et des problèmes sociaux accrus.

Pour cette période des quinze prochaines années, en revanche, les experts régionaux se sont montrés moins confiants quant au potentiel effectif de diversification économique des autres pays riches en ressources d'Asie centrale et du sud Caucase – en particulier le Kazakhstan, le Turkménistan et l'Azerbaïdjan. Pour les pays disposant de ressources naturelles plus limitées, comme l'Ukraine, la Géorgie, le Kirghizistan, le Tadjikistan et l'Ouzbékistan, le défi sera de développer des industries efficaces dans la construction et les services, qui exigent des méthodes de gouvernement plus rationnelles.

Les pays d'Asie centrale – le Kazakhstan, le Kirghizistan, le Tadjikistan, le Turkménistan et l'Ouzbékistan – sont confrontés à un défi redoutable : préserver la paix sociale dans un contexte de forte poussée démographique, avec une population relativement jeune, des perspectives économiques limitées et une influence grandissante de l'islam radical. Autoriser davantage d'émigration pourrait contribuer à alléger ces pressions qui s'exercent sur les pays d'Asie centrale. La Russie bénéficierait de ces migrations comme un moyen de compenser la perte de près de un million d'habitants par an d'ici à 2020. En revanche, cette même Russie possède fort peu d'expérience en matière d'intégration d'immigrés issus d'autres cultures. Le nationalisme russe suit une pente ascendante, conséquence indirecte de troubles ethniques de plus en plus fréquents sur le plan intérieur. Nos spécialistes considèrent que tous les efforts pour raviver des politiques d'immigration seraient exploités par les politiciens d'obédience nationaliste.

Ironie du sort, nos experts ont prévu *a contrario* davantage d'unité pour la Russie dans l'hypothèse où la situation économique s'aggraverait sur le plan mondial, avec un isolement concomitant de l'Eurasie. Dans ce cas de figure, une Russie en stagnation serait alors sollicitée par les autres acteurs pour le maintien de l'ordre le long de la frange méridionale, alors que certains pays d'Asie centrale – le Turkménistan, le Tadjikistan et le Kirghizistan – seraient au bord de l'effondrement.

• Des dirigeants chinois plus jeunes, qui exercent déjà leur influence en tant que maires ou à des postes de responsabilité à l'échelle régionale, ont été formés dans des universités de type occidental, et ils ont acquis une bonne maîtrise des principes de gouvernement en vigueur sur le plan international.

• La plupart des observateurs réunis lors de notre conférence régionale croient néanmoins que les dirigeants actuels et à venir resteront pragmatiques sur la question de la démocratie. Ce qui les intéresse davantage, c'est de mettre en place ce qu'ils jugent comme étant le modèle de gouvernement le plus efficace.

La démocratie pourrait encore gagner du terrain dans quelques pays clefs du Moyen-Orient, qui jusqu'à présent ont été exclus du processus par des régimes répressifs. L'implantation réussie d'une démocratie viable en Irak et en Afghanistan, ainsi que la consolidation de la démocratie en Indonésie, servirait d'exemple à d'autres États musulmans et arabes.

Toutefois, une étude Freedom House, parue en 2001, faisait état d'un hiatus spectaculaire et de plus en plus marqué entre le degré de liberté et de démocratie constaté dans les pays musulmans et le reste du monde. L'absence de croissance économique au Moyen-Orient, en dehors du secteur de l'énergie, constitue l'un des facteurs essentiels de ce ralentissement. Beaucoup d'experts régionaux ne nourrissent guère l'espoir que le renouvellement des générations dans plusieurs de ces régimes puisse suffire à aiguillonner une réforme démocratique.

• Les dimensions de la montée de l'islam et la manière dont ces régimes réagissent aux pressions qu'il génère auront aussi des répercussions sur la démocratisation et la maturation des institutions de la société civile. Toutefois, les radicaux risquent aussi d'utiliser les urnes pour tenter de s'attribuer davantage de pouvoir.

• Une période prolongée de prix pétroliers à la hausse permettrait à certains régimes de remettre à plus tard les réformes économiques et fiscales.

Le poids de la haute technologie sur les modes de gouvernement

Aujourd'hui, les utilisateurs de PC ont davantage de capacités de traitement au bout des doigts que la NASA n'en possédait avec les ordinateurs qu'elle a utilisés pour les premiers vols lunaires. La tendance vers toujours plus de capacité, de vitesse, d'accessibilité et de mobilité aura d'énormes implications politiques. Des myriades d'individus et de petits groupes – qui, antérieurement, ne détenaient pas autant de pouvoir – pourront se connecter entre eux. Et, plus encore, ils planifieront, mobiliseront et accompliront certaines tâches avec des résultats plus satisfaisants et plus d'efficacité que n'en obtiendraient leurs gouvernements. Presque à coup sûr, cela va affecter les relations de ces individus avec ces mêmes gouvernements et les conceptions qu'ils défendent. Ces derniers se trouveront dans certains cas face à une exigence de responsabilité accrue.

• La Chine connaît l'un des taux de croissance des usagers d'Internet et des téléphones portables les plus rapides du monde, selon l'Union internationale des télécommunications. C'est aussi le premier marché du globe pour les communications à haut débit.

• Les rapports sur l'augmentation des investissements consentis par beaucoup de gouvernements du Moyen-Orient dans le développement de leurs infrastructures d'information à haut débit le montrent : elles ne sont pas encore largement accessibles à la population, et pas forcément bien connectées au reste du monde. Toutefois, ces infrastructures témoignent d'un potentiel évident de propagation des idées démocratiques ou antidémocratiques.

Le changement climatique et ses implications d'ici à 2020

Les politiques touchant au changement climatique sont sans doute appelées à peser d'un poids significatif dans les relations multilatérales. En particulier, les États-Unis seront probablement confrontés à des pressions bilatérales conséquentes, susceptibles de leur imposer un changement de leur politique environnementale sur le plan intérieur. Simultanément, ces pressions les contraindraient à assumer leur rôle de leader dans les efforts entrepris à l'échelon mondial en matière d'environnement. Un fort consensus s'est dessiné au sein de la communauté scientifique pour considérer que l'effet de serre est une réalité, et que les températures moyennes à la surface du globe n'ont pas cessé de monter tout au long du siècle écoulé. Pourtant, l'incertitude demeure sur les causes et les remèdes possibles. Les experts d'une conférence organisée par le NIC ont estimé que les inquiétudes sur les gaz à effet de serre, dont la Chine et l'Inde sont de grands producteurs, ne vont pas cesser d'augmenter d'ici à 2020. Il se produira sans doute beaucoup d'événements liés au climat qui, à tort ou à raison, seront rattachés au réchauffement climatique. N'importe lequel de ces événements pourrait conduire à des appels largement repris, adressés aux États-Unis, principal pays producteur de gaz à effet de serre, pour qu'ils prennent des mesures radicales en vue de réduire la consommation de combustibles fossiles.

Les décideurs politiques seront devant un dilemme : un régime environnemental fondé uniquement sur des incitations économiques ne suffirait certainement pas à produire les avancées technologiques nécessaires. En effet, les entreprises hésiteront à investir dans la recherche, alors que les profits potentiels demeurent la grande incertitude. D'un autre côté, un régime reposant sur la régulation à l'échelon gouvernemental aurait tendance à être coûteux et peu souple. Parmi les nombreux obstacles à l'action multilatérale, relevons d'abord la résistance des pays de l'OPEP, qui dépendent des revenus générés par les combustibles fossiles. Il y a ensuite la position du monde en voie de développement, qui considère le changement climatique comme un problème créé par le monde industriel. Étant donné les contraintes économiques qui sont les leurs, et leur besoin d'innovations technologiques significatives pour maximiser leur rendement énergétique, c'est un problème qu'ils n'auront pas l'intention de traiter.

Parmi les motifs d'optimisme, les participants ont noté que le monde serait prêt à accepter un leadership américain, qu'il attend avec impatience. Ils soulignent aussi que les nouvelles institutions multilatérales n'ont pas à endosser ce rôle. En vérité, l'élaboration d'une politique limitant les émissions de dioxyde de carbone serait simplifiée par le fait que trois entités politiques – les États-Unis, l'Union européenne et la Chine – pèsent pour plus de la moitié du CO^2 relâché dans l'atmosphère. Un accord qui associerait ces trois pays, plus la Fédération de Russie, le Japon et l'Inde, couvrirait déjà les deux tiers des émissions de dioxyde de carbone.

• Certains États chercheront à contrôler Internet et ses contenus, mais au fur et à mesure que de nouveaux réseaux offriront de multiples moyens de communiquer, les défis à relever seront de plus en plus épineux.

Cette capacité de connexion de plus en plus diffuse s'accompagnera aussi de la prolifération de communautés d'intérêts virtuelles et transnationales. Cette tendance risque de compliquer l'aptitude des États et des institutions planétaires à dégager un consensus et à appliquer certaines de leurs décisions sur le plan intérieur. Ces communautés d'intérêts virtuelles pourraient même défier leur autorité et leur légitimité. Des groupes reposant sur des religions, des cultures communes, des appartenances ethniques ou autres seraient en effet déchirés entre leur loyauté nationale et d'autres formes d'appartenance identitaire. Le potentiel de ces groupes est considérable. Ils seront capables d'orienter la prise de décision politique au niveau national et même mondial sur toute une série de questions appartenant normalement au seul registre gouvernemental.

Et, surtout, Internet va susciter la création de mouvements planétaires, susceptibles même d'émerger comme une force puissante dans l'arène des affaires internationales. Par exemple, au sein des diasporas formées sur le plan technologique, la communication dans la langue natale pourrait conduire à la préservation de langues et de cultures, face à une émigration et à un changement culturel omniprésents. Elle pourrait aussi être à la source d'un pouvoir politique et économique.

Les thèmes populistes vont certainement se cristalliser comme une force politique et sociale importante, surtout si les risques de la mondialisation aggravent les divisions sociales en accentuant les lignes de fracture économiques, ethniques. C'est surtout dans certaines régions d'Amérique latine que la faillite des élites va alimenter un renouveau du populisme. On verra l'essor de mouvements indigènes, qui jusqu'à présent ont recherché le changement par des voies démocratiques, mais qui envisageront le recours à des moyens plus drastiques pour obtenir ce qu'ils considèrent comme leur « juste part » du pouvoir politique et de la richesse.

• Toutefois, comme pour la religion, le populisme ne sera pas nécessairement hostile aux évolutions politiques, et il pourra servir à un élargissement de la participation au processus de décision publique. Peu d'experts redoutent une régression généralisée sous la férule des juntes militaires latino-américaines.

Les pays d'Amérique latine qui savent s'adapter le plus efficacement aux défis sont en train de bâtir des institutions démocratiques plus solides et mieux outillées, pour la mise en œuvre de politiques réactives et polyvalentes, tout en renforçant la confiance du citoyen et de l'investisseur. Le sentiment du progrès économique et l'espoir de sa continuité semblent essentiels pour la crédibilité à long terme des systèmes démocratiques.

Le nationalisme montant et une tendance au populisme représenteront aussi un défi pour les gouvernements d'Asie. Beaucoup, comme le Laos, le Cambodge

L'Amérique latine en 2020 : la mondialisation provoquera-t-elle une scission dans cette région du monde ?

Les experts que nous avons consultés sur l'Amérique latine soulignent que les mutations planétaires susceptibles d'intervenir ces quinze prochaines années pourraient accentuer les divisions de la région, et finir par scinder l'Amérique latine, en termes économiques et politiques. Tandis que le Cône sud, en particulier le Brésil et le Chili, se tourne vers de nouveaux partenaires en Asie et en Europe, l'Amérique centrale et le Mexique, ainsi que les pays andins, pourraient se laisser distancer et demeurer dépendants des États-Unis et du Canada, leurs partenaires commerciaux de prédilection et leurs plus importants bailleurs d'aides en tout genre.

Pour les Latino-Américains, l'inefficacité gouvernementale a partiellement empêché beaucoup de pays de prendre la pleine mesure des bénéfices économiques et sociaux d'une intégration renforcée au sein de l'économie mondiale sur la dernière décennie. En revanche, le fossé s'est creusé entre riches et pauvres, entre représentés et exclus. Au cours des quinze années à venir, les effets d'une croissance économique et d'une intégration planétaire ininterrompues seront certainement inégaux et fragmentaires. En fait, nos experts régionaux prévoient un risque accru de montée de leaders charismatiques autoproclamés, figures populistes que l'on rencontre fréquemment dans l'histoire de la région. Ces personnages joueraient sur les inquiétudes populaires nées des inégalités entre nantis et laissés-pour-compte, dans les États les plus vulnérables d'Amérique centrale et les pays andins, ainsi que dans certaines régions du Mexique. Quant aux gouvernements les plus affaiblis, en particulier là où la criminalisation de la société, voire de l'État, est la plus flagrante, leurs dirigeants pourraient s'orienter vers l'autocratie et multiplier les attitudes farouchement antiaméricaines.

Les observateurs ont formulé les remarques suivantes sur les perspectives de la région dans d'autres domaines :

• Politiques identitaires. Des segments de population de plus en plus importants se considèrent comme indigènes et n'exigeront pas seulement une voix mais, si possible, un nouveau contrat social. Ils sont nombreux à rejeter la mondialisation telle qu'elle a existé dans la région. Ils la considèrent comme une force homogénéisatrice, qui sape leur culture propre, et comme un modèle économique néolibéral imposé par les États-Unis, dont les fruits redistribués de façon inéquitable n'existent que grâce à une exploitation de la main-d'œuvre et de l'environnement.

• Technologies de l'information. L'universalisation d'Internet, à la fois comme média de masse et comme moyen de communication interpersonnel, contribuera à éduquer, à relier, à mobiliser ceux qui sont traditionnellement rejetés et à leur prêter du pouvoir.

et la Birmanie, sont incapables de satisfaire les demandes de plus en plus larges de leur peuple, et l'État risque d'être tenu en échec.

• Les spécialistes relèvent qu'une nouvelle génération de dirigeants est en train de voir le jour en Afrique. Tous issus du secteur privé, ces responsables sont bien plus à l'aise avec la démocratie que leurs prédécesseurs et, dans le futur, ils pourraient insuffler à la démocratie une forte dynamique interne.

POLITIQUES IDENTITAIRES

Pour partie, les pressions qui s'exerceront sur les sphères dirigeantes proviendront de nouvelles formes de politiques identitaires centrées sur les convictions religieuses et l'appartenance ethnique. Au cours des quinze années qui s'annoncent, l'identité religieuse va probablement devenir un facteur de plus en plus central dans la manière qu'auront les individus de se définir. La tendance aux politiques identitaires est liée à une mobilité accrue, à la diversité de plus en plus marquée de groupes entretenant des relations d'hostilité mutuelle au sein d'un même État, et à la diffusion des technologies de communication modernes.

• La primauté des identités ethniques et religieuses apportera à leurs adeptes une communauté toute prête, qui leur tiendra lieu de « filet de sécurité » en des temps de nécessité, facteur surtout très important chez les populations immigrées. De telles communautés fourniront aussi des réseaux susceptibles de donner accès à des opportunités d'emploi.

Nous ne disposons pas de données complètes sur le nombre de gens qui ont embrassé la foi religieuse ou qui se sont convertis d'une obédience à une autre au cours de ces dernières années. La tendance semble s'orienter vers un nombre de convertis en hausse et un engagement religieux affirmé chez beaucoup de croyants.

• Par exemple, le christianisme, le bouddhisme et d'autres religions et pratiques se propagent dans des pays comme la Chine, en même temps que le marxisme décline. De même, la proportion de convertis par l'évangélisation dans les pays d'Amérique latine de forte tradition catholique ne cesse d'augmenter.

• D'ici à 2020, la Chine et le Nigeria compteront parmi les communautés chrétiennes les plus vastes du monde. Ce tournant va remodeler les institutions occidentales traditionnelles fondées sur le christianisme, en leur donnant un aspect plus africain ou plus asiatique, voire, plus largement, une dimension foncièrement liée au monde en voie de développement.

• L'Europe de l'Ouest se distingue de cette « religiosité » mondiale, sauf pour les communautés immigrées d'Afrique et du Moyen-Orient. Beaucoup de fonctions traditionnelles de l'Église – l'éducation, les services sociaux, etc. – sont maintenant remplies par l'État. Toutefois, une laïcité plus envahissante, plus insistante risque de ne pas favoriser l'acceptation culturelle des nouveaux immigrés musulmans. En effet, ces derniers considèrent l'interdiction d'arborer des signes d'appartenance religieuse dans certains pays européens comme discriminatoire.

Beaucoup de croyants pratiquants – qu'il s'agisse de nationalistes hindous, de chrétiens évangélisés en Amérique latine, de juifs fondamentalistes en Israël ou de musulmans radicaux – deviennent des « activistes ». Ils ont une vision du monde qui plaide pour un changement de société, une tendance à instaurer des distinctions

Nombre de religieux pratiquants, 1900-2025

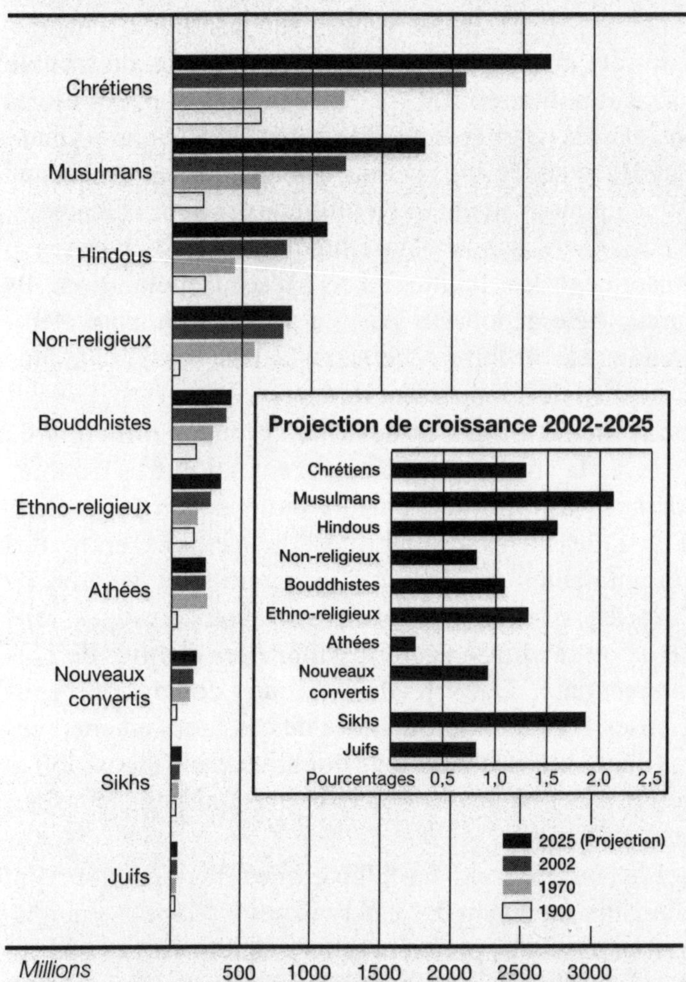

Source : *Status and Trends in Global Mission as Revealed by the Annual Christian Megacensus* (État et tendances des missions mondiales tels que révélés par le méga-recensement chrétien annuel), AD 1800-AD 2025, World Evangelization Research Center.

manichéennes entre le bien et le mal, et un système de croyance religieuse qui relie les conflits locaux à une lutte plus générale.

De tels mouvements fondés sur la religion ont toujours été chose courante dans les périodes de trouble social et politique, et ils ont souvent constitué des forces positives de changement. Ainsi, les universitaires voient dans la poussée du courant évangélique en Amérique latine un mouvement qui a offert aux groupes déracinés, désavantagés sur le plan ethnique et souvent pauvres, notamment les femmes, « un réseau social dont ils auraient été dépourvus [...] en apportant à leurs membres les savoir-faire nécessaires à leur survie dans une société en développement rapide...[1]. »

En même temps, le désir des groupes militants de changer la société conduit souvent à d'autres troubles sociaux et politiques, parfois violents. En particulier, il y a de fortes probabilités de frictions entre des communautés mixtes, car ces militants tentent de faire des convertis au sein des autres groupes religieux ou institutions confessionnelles établies de plus longue date. Dans le droit-fil des convictions religieuses fortement enracinées de ces mouvements, ces militants définissent leur identité par opposition à ceux qui ne sont pas des leurs, ce qui peut entraîner les dissensions.

L'islam radical. La plupart des régions qui vont connaître un regain des « activismes » religieux enregistreront aussi des poussées démographiques. Les spécialistes ont établi le lien avec la présence de nombreux

1. Philip Jenkins, consultations dans le cadre du Conseil national du renseignement, 4 août 2004.

militants radicaux, notamment les extrémistes musulmans[1].

• Ces poussées démographiques seront surtout très aiguës dans les pays du Moyen-Orient et de l'Ouest africain, au moins jusqu'en 2005-2010, et les effets se feront sentir longtemps après.

• Au Moyen-Orient, l'emprise de plus en plus marquée de l'islam radical reflète l'éloignement politique et économique de beaucoup de jeunes musulmans par rapport à leur gouvernement, à la fois non représentatif et non responsable. Cela va de pair avec l'incapacité de beaucoup d'États musulmans à recueillir de substantiels bénéfices de la mondialisation.

Jusqu'en 2020, on peut s'attendre à ce que la propagation de l'islamisme radical ait un impact planétaire non négligeable, en ralliant des groupes ethniques et nationaux très divers, et peut-être même en créant une autorité qui transcende les frontières nationales. Une partie de l'attrait de l'islam radical réside dans l'appel au retour des musulmans vers leurs racines, quand la civilisation de l'islam occupait les avant-postes du changement mondial. Les sentiments collectifs de désaffection et de désunion sur lesquels mise l'islam ne risquent guère de se dissiper, en tout cas pas tant que le monde musulman n'apparaîtra pas plus pleinement intégré à l'économie mondiale.

L'islam radical va continuer de séduire beaucoup d'immigrants musulmans, qui seront attirés par l'Occident plus prospère, pour les emplois offerts, mais qui ne

1. Nous définissons les extrémistes musulmans comme un sous-ensemble des militants islamistes. Ils se sont engagés dans la recomposition de la société politique, en accord avec leur vision de la loi islamique et ils usent volontiers de la violence.

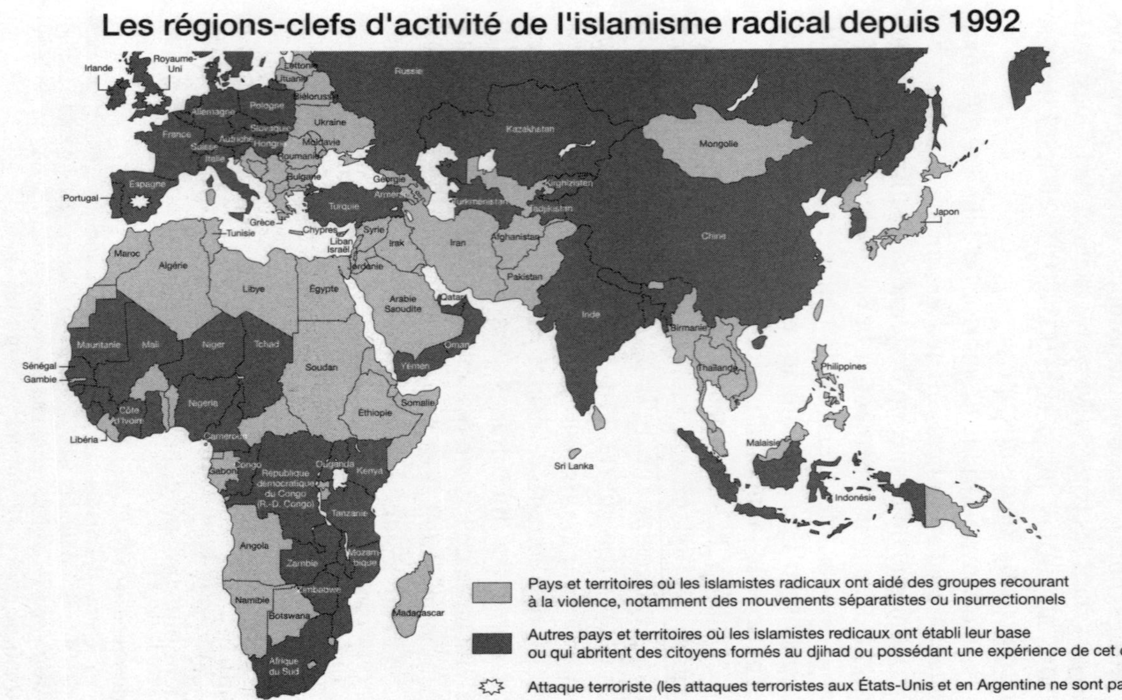
Les régions-clefs d'activité de l'islamisme radical depuis 1992
Irlande
Royaume-Uni
Portugal
Espagne
France
Allemagne
Pologne
Ukraine
Russie
Kazakhstan
Mongolie
Chine
Japon
Turquie
Grèce
Tunisie
Chypre
Liban
Israël
Syrie
Irak
Iran
Afghanistan
Pakistan
Inde
Maroc
Algérie
Libye
Égypte
Arabie Saoudite
Qatar
Oman
Yémen
Mauritanie
Mali
Niger
Tchad
Soudan
Sénégal
Gambie
Nigeria
Éthiopie
Somalie
Libéria
Kenya
Tanzanie
Angola
Zambie
Namibie
Botswana
Afrique du Sud
Madagascar
Birmanie
Thaïlande
Philippines
Malaisie
Sri Lanka
Indonésie
Pays et territoires où les islamistes radicaux ont aidé des groupes recourant à la violence, notamment des mouvements séparatistes ou insurrectionnels
Autres pays et territoires où les islamistes redicaux ont établi leur base ou qui abritent des citoyens formés au djihad ou possédant une expérience de cet ordre
Attaque terroriste (les attaques terroristes aux États-Unis et en Argentine ne sont pas signalées)

**Union européenne :
projections et estimations de la population musulmane, 1958-2025**

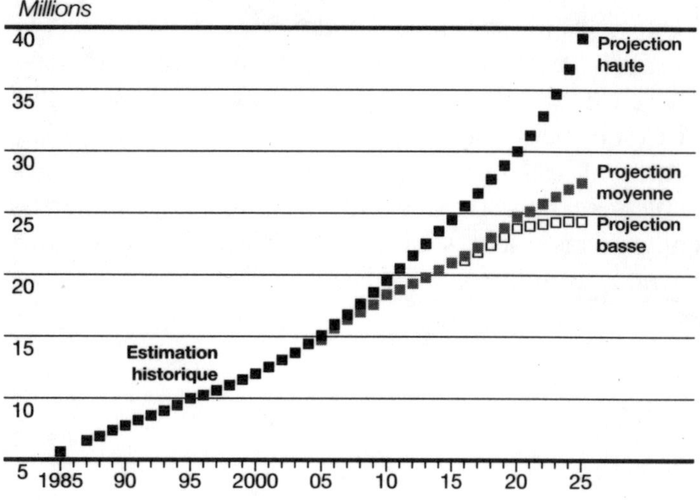

Source : fondé sur plusieurs rapports diplomatiques, gouvernementaux et universitaires, et reportages des médias, ainsi que d'autres sources.

se sentent pas de plain-pied avec ce qu'ils perçoivent comme une culture étrangère.

Des études montrent que les immigrés musulmans sont en train de s'intégrer dans les pays d'Europe de l'Ouest, à mesure aussi que ces derniers deviennent plus ouverts et plus diversifiés. Toutefois, beaucoup d'immigrés de la deuxième et de la troisième génération sont attirés par l'islam radical, car ils rencontrent des obstacles sur le chemin de l'intégration pleine et entière, et des barrières imposées à ce qu'ils considèrent comme des pratiques religieuses normales.

Les différences de religion et d'ethnie contribueront aussi aux conflits futurs et, si l'on n'y veille pas, elles seront une cause de querelles régionales. Les régions où les frictions risquent de déboucher sur des conflits intérieurs plus importants sont l'Asie du Sud-Est, où les lignes de fracture historiques entre chrétiens et musulmans traversent plusieurs pays, y compris l'Afrique de l'Ouest, les Philippines et l'Indonésie.

• En cette époque d'identité religieuse plus affirmée, les schismes internes à des religions, même s'ils sont historiques et durables, pourraient aussi conduire à des conflits. L'Irak dominé par le chiisme encouragera probablement un activisme plus vigoureux des minorités chiites dans d'autres nations du Proche-Orient, comme l'Arabie saoudite et le Pakistan.

SCÉNARIO-FICTION : *UN NOUVEAU CALIFAT*

Le scénario-fiction élaboré dans les pages qui vont suivre fournit un bon exemple de la manière dont pourrait surgir un mouvement mondial alimenté par l'identité religieuse radicale. Dans ce récit, un nouveau califat est proclamé, et il réussit à lancer une puissante contre-offensive idéologique, qui exerce un attrait universel. Ce récit prend la forme d'une lettre hypothétique d'un petit-fils fictif de Ben Laden à un membre de sa famille, en 2020. Il raconte les combats du calife, qui tente d'arracher le contrôle de l'Occident aux régimes traditionnels. Il dépeint les conflits et la confusion qui en découlent, tant dans le monde musulman qu'à l'extérieur, entre les musulmans, les États-Unis, l'Europe, la Russie et la Chine. Si le calife enregistre des succès variables dans ses tentatives de mobiliser des soutiens, à chacun de ses appels, des régions très éloignées du noyau du monde musulman, au Moyen-Orient, en Afrique et en Asie, sont agitées de soubresauts. Ce scénario s'achève avant que le calife ne parvienne à instaurer une autorité temporelle et spirituelle sur un territoire, ce qui fut toujours le cas pour les califats précédents. À la fin de ce scénario, nous énonçons les enseignements qu'il convient d'en tirer.

Lettre personnelle à un parent de Sa'ïd Oussama Ben Laden

Sa'ïd Muhammad Ben Laden
Au nom de Dieu, Le Bénéfique, Le Miséricordieux

3 juin 2020

Grand-père aurait été contrarié. La proclamation du califat ne s'est pas encore révélée notre Délivrance. Comme tu le sais, cher frère, Grand-père croyait à un retour au temps des Califes Éclairés, quand les chefs de l'islam régnaient sur un empire en leur qualité de Véritables Défenseurs de la Foi. Il envisageait un califat exerçant de nouveau sa domination sur le monde musulman, reconquérant les terres perdues de Palestine et d'Asie, et extirpant toutes ces influences occidentales infidèles de la « mondialisation », pour reprendre l'euphémisme qu'emploient les Croisés. Le monde spirituel et temporel serait une fois de plus soumis à la seule obéissance à la volonté d'Allah, et réfuterait la séparation occidentale de l'Église et de l'État. En fin de compte, nous l'avons vu, cette proclamation n'a pas encore surmonté les divisions, même si l'émergence du califat a instillé la crainte d'Allah parmi les puissances croisées (et Grand-père en aurait été enchanté).

L'occidentalisation a certainement perdu beaucoup de son éclat auprès de beaucoup de musulmans, et le califat a pu mettre en pièces un certain nombre d'États-nations contre nature, qui n'étaient que les fruits de l'imagination des colonisateurs.

Quand j'y songe, je ne comprends pas comment nous avons pu manquer de percevoir l'émergence du jeune calife. Mais il est vrai que nous avons tous été surpris, les croyants comme les infidèles. Le jeune prêcheur avait subitement des disciples dans le monde entier. Avant même qu'il ne soit proclamé calife successeur du Prophète, la paix soit sur Lui, il était révéré partout chez les fidèles. Peut-être était-ce parce qu'il n'était pas membre d'al-Qaïda, et parce qu'il n'avait dirigé aucun mouvement politique, comme Grand-père. De fait, il est apparu d'une plus grande spiritualité. Il n'était pas souillé par les malheureuses tueries d'innocents qui, même si Grand-père refusait de l'admettre, dissuadaient certains musulmans de soutenir al-Qaïda. Depuis des terres musulmanes réparties sur la moitié du globe, aux Philippines, en Indonésie, en Malaisie, en Ouzbékistan, en Afghanistan et au Pakistan, les manifestations d'allégeance et l'argent ont abondé. Au sein des élites dirigeantes, certains l'ont aussi rejoint, espérant ainsi rétablir leur mainmise sur un pouvoir branlant. En Europe et en Amérique, les musulmans non pratiquants ont pris conscience de leur véritable identité et de leur foi et, dans certains cas, ils ont quitté leurs parents occidentalisés, les laissant tout décontenancés, pour regagner leur terre natale. Même certains infidèles ont été impressionnés par cette spiritualité : le pape, par exemple, a essayé d'engager avec eux un dialogue entre confessions. Et les antimondialistes de l'Occident l'ont idolâtré. En un bref laps de temps, il est apparu clairement qu'il n'y avait pas d'autre solution que de proclamer ce que tant d'individus désiraient ardemment — un nouveau califat.

Oh, quelle confusion nous avons pu semer chez les Croisés ! Un mot presque oublié a refait son entrée dans le vocabulaire occidental, et des histoires de califes des premiers temps ont soudain surgi aux premières places des ventes sur Amazon.com.

Sa'îd Muhammad Ben Laden
Au nom de Dieu, Le Bénéfique, Le Miséricordieux

Ils s'étaient montrés si suffisants, convaincus que nous n'avions qu'à patauger péniblement, à les suivre sur les sentiers battus de la laïcité, voire de la conversion totale au prétendu système de valeur judéo-chrétien. Pouvez-vous imaginer l'expression de leur visage, quand les athlètes musulmans, aux Jeux olympiques, ont délaissé leur loyauté envers la nation et proclamé leur allégeance au califat ? Tout a été mis à bas : les structures que l'Occident avait façonnées pour nous emprisonner dans sa vision du monde — démocratie, États-Nations, et un système international dirigé par les Occidentaux —, on eût dit que tout cela était réduit en lambeaux.

C'est aussi le pétrole qu'ils avaient à l'esprit, et là, nous les tenions à notre merci comme jamais. Alors que l'incertitude faisait rage sur les marchés, des rumeurs circulaient sur les projets des États-Unis et de l'OTAN pour s'emparer des champs pétrolifères, afin de se prémunir contre toute prise du pouvoir par le califat. Par la suite, nous avons appris que les États-Unis n'étaient pas parvenus à convaincre leurs alliés de se joindre à eux dans une intervention militaire, et Washington craignait de provoquer une réaction musulmane brutale du monde musulman, un peu partout à la surface du globe.

C'est à ce stade qu'eurent lieu les premiers actes de violences envers les chiites — des actes commis de manière quelque peu suspecte, d'ailleurs, ce qui alimenta la confusion. En effet , le calife soupçonnait l'Iran de fomenter des troubles. Dès la proclamation du califat, d'ailleurs, l'Iran s'était montré très chagriné. Avec son importante population chiite, la province saoudienne de l'Est, où sont situés les champs pétrolifères, était particulièrement vulnérable. Les chefs d'État du Golfe ont aussi joué leur rôle.

Sa'ïd Muhammad Ben Laden
Au nom de Dieu, Le Bénéfique, Le Miséricordieux

Et là-dessus nous avons suspecté l'Irak dominé par les chiites et, derrière l'Irak, les États-Unis et la CIA, d'alimenter le tumulte. Mais si les Américains infidèles étaient derrière tout cela — et je crois que c'était le cas —, ils en ont aussi subi les conséquences. La paix fragile en Irak, que l'Amérique était parvenue à conclure de façon si laborieuse, se délita avec la soudaine résurgence de la rébellion sunnite. Les insurgés se sont proclamés comme appartenant au véritable califat, et ils ont repris la lutte, à la fois contre les chiites et contre les garnisons américaines.

Pour le calife, ce fut un défi de taille. Le califat représente la complétude, et si la division séculaire des chiites contre les sunnites ne peut être surmontée, nous risquons de le voir aller à vau-l'eau. En tant qu'Arabe sunnite, je ne devrais pas témoigner tant de compassion pour un schisme que les partisans d'Ali ont imposé au Dar al-islam voici des siècles, mais enfin, ne pas combler cette brèche s'est révélé une erreur. Certains de leurs nouveaux penseurs rejoignent ceux des réformateurs sunnites qui sont dans le même état d'esprit, et cela leur vaut toutes les louanges et le soutien des infidèles. Le rétablissement de relations de coopération entre les Perses et les Arméniens — même si elles ne sont pas des plus chaleureuses — serait dangereux pour nous.

Notre peuple est aussi trop tenté et trop séduit par le matérialisme occidental. Ah, Internet — tout à la fois le salut et un piège tendu par le diable. C'est cet outil qui amène le calife si près du pouvoir total, en diffusant largement son appel. Mais c'est aussi une arme brandie par nos ennemis. Il est de plus en plus de fidèles qui observent la manière de vivre des autres, en Occident, et ils veulent les mêmes choses, sans saisir tout le vice qui va de pair.

Sa'id Muhammad Ben Laden
Au nom de Dieu, Le Bénéfique, Le Miséricordieux

Tout cela, en même temps que la violence entre sunnites et chiites, trouble les classes moyennes. Elles tentent déjà de quitter nos terres sacrées. L'ironie, c'est que cela a pu alarmer les puissances croisées d'Europe et d'Amérique. En effet, cela ne les gêne nullement de voir le califat en proie aux troubles, mais accepter un million de réfugiés ou davantage — presque tous accoutumés à des niveaux de vie élevés —, c'était tout autre chose. Ils sont soumis à un cruel dilemme—, la présence d'un plus grand nombre de musulmans parmi eux serait de nature à attiser leur ressentiment, mais ne pas les accepter pourrait une fois encore souligner leur hypocrisie.

Partout, la confusion règne. Quand le califat fut proclamé, l'espérance était que certains régimes soient aussitôt renversés. Mais cela ne s'est pas encore produit. Au lieu de quoi, il existe encore des poches où se nichent des disciples qui accomplissent un travail de sape dans bien des États, sans réussir encore à renverser ces régimes. Nous en sommes très proches en Asie centrale et dans certaines régions du Pakistan et d'Afghanistan, où la guerre civile fait rage. La Russie s'est enlisée dans sa lutte contre les insurrections et dans ses tentatives de renflouement des autocraties d'Asie centrale. Dans une volte-face paradoxale, leş États-Unis sont cette fois les alliés de la Russie : au lieu de fournir de l'argent et des armes aux moudjahiddines pour combattre les Soviets, ils aident les Russes à se battre contre les moudjahiddines. Dans certains pays, deux autorités rivales gouvernent, sans qu'aucune détienne la maîtrise totale de la situation. Le Pachtounistan a été proclamé, mais il n'a toujours pas pleinement instauré son pouvoir.

Sa'ïd Muhammad Ben Laden
Au nom de Dieu, Le Bénéfique, Le Miséricordieux

Tout cela visait d'abord à dissuader les Croisés d'exploiter nos ressources. Désormais, on ne construit plus aucun pipe-line, et on a en même fermé quelques-uns. L'Asie en plein essor a souffert, parce que la construction de nouveaux pipe-lines a subi un coup d'arrêt. La Chine a écarté toute aide en provenance des États-Unis, mais elle s'inquiète de plus en plus de l'« irrédentisme » musulman bourgeois en son sein.

L'Asie du Sud-Est et certaines parties de l'Afrique de l'Est et de l'Ouest empruntent presque la même voie. La proclamation du califat a enhardi les insurgés, mais jusqu'à présent son effet le plus marquant a consisté à enfoncer un coin dans quelques États et à créer des poches où règnent le califat et la charia. Pourtant, les Asiatiques sont des gens difficiles. Ils croient avoir découvert leur propre voie.

La lutte se poursuit aussi en Palestine, en dépit de la création d'un État palestinien. Les sionistes occupent encore les terres musulmanes et partagent le contrôle de Jérusalem. Les Européens ont cru qu'ils pourraient éviter le choc des civilisations, mais ils s'aperçoivent à présent qu'une masse croissante de musulmans, chez eux, en leur sein, se tournent vers le calife. Les États-Unis comptent aussi des infidèles disciples du calife, y compris une fille de sénateur. L'Amérique est prise entre deux feux, elle essaie d'acheter ceux qui soutiennent le califat afin de pacifier les sunnites d'Irak, mais sans vouloir s'aliéner Israël. L'Europe fait pour la première fois monter la tension avec les sionistes, en parlant de sanctions contre Israël.

Sa'îd Muhammad Ben Laden
Au nom de Dieu, Le Bénéfique, Le Miséricordieux

Tant de confusion et d'émoi, mais pour nous, c'est excellent. Au début, avec le nouveau califat, nos rangs se sont clairsemés et le noyau d'Al-Qaïda a été mis hors jeu, mais ensuite, tant de nouvelles luttes sont nées. Nous pouvons nous battre pour récupérer les terres musulmanes, même si le calife a tourné le dos à certaines formes de combat et s'il s'expose au danger de mollesse. Nous passons des accords avec les seigneurs de la guerre locaux, en exploitant leur hospitalité ou en leur rendant hommage, et nous sommes libres d'opérer comme bon nous semble. Je suis plein d'espoir…

Sa'îd Muhammad Ben Laden
Au nom de Dieu, Le Bénéfique, Le Miséricordieux

Les leçons à retenir

Un califat n'aurait pas besoin de connaître un succès sur toute la ligne pour représenter un grave défi lancé à l'ordre international. Ce scénario met en avant l'aspect fondamental du débat idéologique transcultures, qui devrait s'intensifier avec la montée des identités religieuses.

- La révolution des technologies de l'information va probablement amplifier le choc entre monde occidental et monde musulman.
- L'attrait du califat chez les musulmans risquerait de varier suivant les régions, un argument qui devrait pousser les pays occidentaux à adopter une démarche différenciée, s'ils veulent le contrer. Dans les régions qui profitent de la mondialisation, comme certaines parties de l'Asie et de l'Europe, les musulmans risquent fort d'être déchirés entre l'idée d'un califat spirituel et les avantages matériels d'une planète mondialisée.
- La proclamation d'un califat ne réduirait pas les probabilités d'actes terroristes et, en suscitant davantage de conflits, elle pourrait alimenter une nouvelle génération d'activistes décidés à attaquer ceux qui s'opposent à ce califat, tant à l'intérieur qu'à l'extérieur du monde musulman.

UNE INSÉCURITÉ OMNIPRÉSENTE

D'ici à 2020, nous anticipons un sentiment d'insécurité plus général, qui pourrait se fonder autant sur la perception psychologique des choses que sur des menaces physiques. Parmi les aspects psychologiques, déjà abordés dans cet ouvrage, on retiendra notamment les inquiétudes sur la sécurité de l'emploi, ainsi que les craintes tournant autour de l'immigration, tant dans les populations accueillantes que chez les immigrés eux-mêmes.

Le terrorisme et les conflits internes pourraient interrompre le processus de mondialisation, en rehaussant de manière sensible le prix de la sécurité associé au commerce international, en encourageant les politiques de contrôle aux frontières et en affectant les circuits d'échanges commerciaux, les marchés financiers. Le potentiel de prolifération des armes de destruction massive (AMD) ajoutera à ce sentiment envahissant d'insécurité.

LA TRANSMUTATION DU TERRORISME INTERNATIONAL

Les facteurs déterminants qui ont engendré le terrorisme international ne montreront aucun signe de fléchissement. Les experts estiment que la majorité des groupes terroristes internationaux continueront de s'identifier à l'islam radical. Le renouveau de l'identité musulmane va créer un cadre pour la diffusion de l'idéologie islamique radicale, tant au Moyen-Orient qu'en dehors, notamment en Europe de l'Ouest, en Asie du Sud-Est et en Asie centrale.

• Ce regain s'accompagne d'un mouvement de solidarité en profondeur parmi les musulmans pris dans des affrontements séparatistes à l'échelon national ou régional, comme en Palestine, en Tchétchénie, en Irak, au Cachemire, à Mindanao ou dans le sud de la Thaïlande. Il s'affirme en réaction à la répression, à la corruption et à l'incompétence des gouvernements.

• Au Moyen-Orient, une prise de contrôle d'un pays musulman par un mouvement radicalisé pourrait déclencher une vague de terrorisme dans la région et inspirer confiance à d'autres protagonistes, qui jugeraient alors qu'un nouveau califat n'a rien d'une simple utopie.

• Des réseaux informels de fondations caritatives, comme les madrasa, les hawala et d'autres entités ne cesseront pas de proliférer et d'être exploités par les éléments radicaux.

• Sous le coup du désenchantement, les jeunes au chômage iront gonfler les rangs des groupes sociaux vulnérables au recrutement terroriste.

Certaines informations laissent entendre que le désir affirmé, chez les éléments radicaux islamiques, de provoquer une situation insurrectionnelle transnationale risquerait de séduire beaucoup de musulmans. Une telle insurrection, fomentée par des extrémistes musulmans, viserait le renversement d'un certain nombre de gouvernements laïcs « apostats », dont la population est à majorité musulmane.

• L'antimondialisation et l'opposition aux politiques américaines pourraient cimenter un bloc de sympathisants, de financiers et de collaborateurs du terrorisme.

Un ensemble d'acteurs dispersés

Les fortes contraintes exercées par les efforts concertés de l'antiterrorisme sur le plan international, allant de pair avec l'impact des progrès des technologies de l'information, vont pousser la menace terroriste à se décentraliser sans cesse davantage. Elle évoluera de plus en plus vers une panoplie de groupes, de cellules et d'individus, dans le plus grand éclectisme. Tout en tirant un parti maximal de plusieurs sanctuaires répartis un peu partout dans le monde où ils s'entraîneront, les activistes de la terreur n'auront plus besoin de quartiers généraux fixes pour planifier et exécuter des opérations. Les matériels d'entraînement, les orientations dans le choix des cibles, l'apprentissage du maniement des armes et la collecte de fonds vont revêtir un caractère de plus en plus virtuel (autrement dit, se feront en ligne).

Le noyau dur d'Al-Qaïda va probablement continuer de rétrécir, mais d'autres groupes inspirés par la cellule djihadiste, basés régionalement, ou des individus simplement étiquetés comme djihadistes – unis dans une même haine des régimes modérés et de l'Occident – vont certainement conduire des attaques terroristes. Les membres d'Al-Qaïda qui s'étaient distingués en partant s'entraîner en Afghanistan vont peu à peu se disperser, pour céder la place en partie aux survivants expérimentés du conflit en Irak. D'ici à l'année 2020, nous nous attendons à voir Al-Qaïda supplanté par des groupes extrémistes islamiques d'inspiration similaire, mais plus diffus. Toutes ces entités s'opposeront à la propagation de quantité d'aspects de la mondialisation dans les sociétés islamiques traditionnelles.

• À l'avenir, l'Irak et d'autres conflits éventuels pourraient fournir le recrutement, les terrains d'entraînement, le savoir-faire technique et la compétence linguistique à toute une nouvelle classe de terroristes « professionnalisés », pour qui la violence politique devient une fin en soi.

• Les djihadistes étrangers (des individus prêts à se battre partout où ils considèrent que des terres musulmanes subissent les attaques de ceux qu'ils voient comme les « envahisseurs infidèles ») reçoivent le soutien de plus en plus marqué de musulmans qui ne sont pas nécessairement des partisans du terrorisme.

Même si le nombre des extrémistes diminue, la menace terroriste, elle, va probablement demeurer. Par le biais d'Internet et des autres techniques de communication sans fil, les individus mal intentionnés seront en mesure de se rallier très vite des disciples. Et à une échelle plus vaste, voire planétaire, en agissant dans l'ombre. La dissémination rapide de technologies biologiques et d'autres formes mortelles augmente le risque de voir un individu sans aucune appartenance à un quelconque groupe terroriste en position de provoquer d'importantes pertes en vies humaines.

Armes, tactiques et cibles

Dans le passé, les organisations terroristes misaient sur les soutiens financiers des États pour l'entraînement, les armes, le support logistique, les documents de voyage et l'argent nécessaires à leurs opérations. Sur une planète mondialisée, des groupes comme le Hezbollah savent de plus en plus satisfaire ces besoins par eux-mêmes et ils peuvent agir comme un organe étatique. Tout en préservant leur latitude d'opposer un « démenti plausible », en fournissant d'autres groupes, en opérant à travers des tiers pour atteindre leurs objectifs, et même en impliquant d'autres gouvernements par la voie diplomatique.

La plupart des attaques terroristes continueront de recourir essentiellement à des armes conventionnelles, en y incorporant de nouvelles techniques, afin de prendre les responsables de l'antiterrorisme à contre-pied. Il est probable que les terroristes se montreront moins originaux dans le choix des technologies et des armes utilisées que dans leurs concepts opérationnels. En d'autres termes, dans les objectifs, la conception et les dispositions logistiques de leurs attaques.

• Parmi les concepts appelés à perdurer, mentionnons le grand nombre d'attaques simultanées, le cas échéant sur des sites très distants les uns des autres.

Si les engins explosifs improvisés, embarqués à bord de véhicules, resteront très fréquents dans la panoplie des armes dites « asymétriques », les terroristes vont certainement grimper plus haut dans l'échelle technologique, pour employer des explosifs de type perfectionné et des aéronefs sans pilote.

Le zèle religieux des terroristes extrémistes musulmans nourrit leur désir de perpétrer des attaques laissant un nombre important de victimes. Au point de vue historique, le terrorisme d'inspiration religieuse a toujours été le plus destructeur de tous, car ces groupes sont limités par peu de contraintes.

La tendance la plus inquiétante demeure cette recherche de plus en plus intensifiée à laquelle se sont livrés quelques groupes afin de se procurer des armes de destruction massive. Notre plus grande inquiétude demeure que ces groupes puissent acquérir des agents biologiques ou, même si le risque est moins probable, un engin nucléaire.

• Le bioterrorisme semble particulièrement adapté aux groupes de petite taille, mieux informés. En fait, le laboratoire du bioterroriste peut fort bien avoir la taille d'une cuisine, et l'arme confectionnée serait plus petite qu'un grille-pain. L'emploi des agents biologiques par des terroristes est donc probable, et la palette des options possibles va s'élargir. Comme l'identification de la variole et d'autres maladies est en général soumise à un temps de latence, dans un « scénario cauchemar », une attaque pourrait fort bien être déjà lancée sans que les autorités en aient connaissance.

• L'emploi de dispositifs radioactifs peut être efficace en créant une vague de panique, du fait des craintes infondées de l'opinion quant à la capacité de telles attaques de tuer un grand nombre de gens à la fois.

Avec les progrès dans la conception d'armes nucléaires simplifiées, les terroristes vont continuer de chercher à acquérir des matières fissiles, afin de construire une telle arme. Simultanément, on peut attendre d'eux qu'ils essaient encore et toujours de se procurer une arme de ce type en l'achetant (ou en la volant), en particulier sur le territoire russe ou pakistanais. Étant donné la possibilité que de tels groupes acquièrent des armes nucléaires, leur emploi dans un but terroriste avant 2020 ne peut donc être tout à fait exclu.

Nous pensons aussi que ces activistes tenteront d'acquérir et de développer des capacités de mener des attaques cybernétiques susceptibles d'endommager des systèmes informatiques et de perturber des réseaux d'informations essentiels.

Les États-Unis et leurs intérêts dans le monde resteront la première cible des terroristes, mais on verra sûrement davantage d'actions visant des régimes du Moyen-Orient et l'Europe de l'Ouest.

Le crime organisé

• Des États qui opèrent leur transition vers le système du parti unique – comme les nouveaux régimes gouvernés par des islamistes – seront vulnérables à la corruption et au crime organisé qui va de pair, en particulier si leur idéologie appelle une implication substantielle de leur gouvernement dans l'économie.

• La mutation des modèles d'immigration peut introduire de nouveaux types de crime organisé dans des pays qui en étaient encore indemnes. Des groupes criminels organisés sur une base ethnique prennent en général pour proie leur propre diaspora, et s'en servent pour prendre pied dans de nouvelles régions.

Le changement de schéma géostratégique va aussi remodeler les activités du crime organisé à l'échelle du globe. Le crime organisé va probablement prospérer dans les États riches en ressources qui subiront des transformations politiques et économiques significatives, comme l'Inde, la Chine, la Russie, le Nigeria, le Brésil et Cuba, si ce dernier pays voit la fin de son système de parti unique. Certains États de l'ex-Union soviétique et de l'ancien pacte de Varsovie vont aussi demeurer vulnérables à de fortes concentrations du crime organisé.

Certains syndicats du crime organisé formeront entre eux des alliances à géométrie variable. Ils tenteront de corrompre les dirigeants des États instables, fragiles sur le plan économique ou des États défaillants, en s'insinuant dans les banques ou les entreprises connaissant des situations troublées. Ils exploiteront les technologies de l'information, et ils coopéreront avec les mouvements d'insurgés pour prendre le contrôle de zones géographiques étendues.

Les groupes du crime organisé n'ont en général aucune envie de voir renverser des gouvernements. En revanche, ils sont florissants dans les pays où les gouvernements sont affaiblis, vulnérables à la corruption, et incapables ou peu désireux d'appliquer la loi dans la conformité avec les textes.

• Les syndicats criminels, en particulier ceux qui gèrent le trafic de la drogue, pourraient prendre *de facto* le contrôle de régions où le gouvernement central de ces États défaillants ne parvient plus à exercer son autorité.

Si, d'ici à 2020, des gouvernements de pays dotés d'armes de destruction massive perdent la maîtrise de leurs stocks, le risque de voir le crime organisé se lancer dans le trafic d'armes nucléaires, biologiques ou chimiques va grandir.

Nous croyons que les relations entre les terroristes et les criminels organisés demeureront surtout des relations d'affaires. Autrement dit, les terroristes s'adresseront aux criminels qui peuvent leur procurer de faux papiers, des armes de contrebande ou une aide clandestine dans leurs déplacements, pour les cas où ils seraient incapables de se procurer ces biens et services par leurs propres moyens. En revanche, les groupes criminels organisés sont peu susceptibles de nouer des alliances stratégiques à long terme avec des terroristes. Le crime organisé est motivé par le désir de gagner de l'argent, et il a tendance à considérer toute activité sortant du domaine indispensable à la récolte de ses bénéfices comme mauvaise pour les affaires. De leur côté, les chefs terroristes craignent que des liens avec des partenaires sans obédience idéologique n'accroissent les risques d'infiltration policière ou que le profit matériel ne séduise certains fidèles.

Une guerre cybernétique ?

Au cours des quinze prochaines années, c'est une sphère d'acteurs élargie qui pourra acquérir et développer des capacités pour mener des attaques physiques et cybernétiques contre les nœuds d'infrastructure des technologies de l'information. Cela touchera notamment Internet, les réseaux de télécommunications et les systèmes informatiques qui contrôlent certains processus industriels vitaux comme les réseaux de distribution d'électricité, les raffineries et les mécanismes de contrôle des inondations. Les terroristes ont déjà indiqué qu'ils prendraient les infrastructures américaines de l'information pour cibles. À l'heure actuelle, ils sont déjà capables de mener des attaques physiques susceptibles de provoquer au moins de brèves pannes isolées. La faculté de réagir à de telles attaques nécessitera le recours à des technologies cruciales pour refermer la brèche entre l'agresseur et le défenseur.

L'un des principaux champs de bataille cybernétiques du futur concernera l'information dans les systèmes informatiques mêmes. Elle est en effet bien plus précieuse et plus vulnérable que les systèmes physiques. De nouvelles technologies se profilent à l'horizon, qui sont capables de fournir des capacités d'accès aux données, soit à travers l'interception d'une connexion sans fil, soit par une intrusion dans des systèmes connectés sur Internet, ou encore via un accès direct ouvert par des complices dans la place.

L'INTENSIFICATION DES CONFLITS INTERNES

Les économies retardataires, les appartenances ethniques, les convictions religieuses intenses et les poussées démographiques vont se liguer pour composer la « tempête parfaite », créant ainsi les conditions d'un conflit interne. Toutefois, c'est la capacité des États à gouverner qui déterminera l'existence et la portée véritable des conflits. Les États incapables de satisfaire les attentes de leur peuple et de résoudre ou d'étouffer des demandes conflictuelles sont aussi ceux qui risquent d'être confrontés aux éruptions de violence les plus graves et les plus fréquentes. Pour la plupart, les États les plus exposés à cette violence sont ceux du grand arc d'instabilité qui va de l'Afrique subsaharienne, qui traverse l'Afrique du Nord, pénètre au Moyen-Orient, se poursuit dans les Balkans, le Caucase, remonte vers l'Asie du Sud et l'Asie centrale et atteint certaines parties de l'Asie du Sud-Est. En règle générale, les pays que l'on trouve dans ces régions sont aussi ceux qui se situent au-dessous de la courbe de progression de la mondialisation.

• Le nombre des conflits internes a sensiblement baissé depuis la fin des années 1980 et le début des années 1990, lorsque l'effondrement de l'Union soviétique et des régimes communistes d'Europe centrale a permis aux luttes intestines ethniques et nationalistes, jusque-là réprimées, de s'embraser. Même si l'on a atteint une sorte de point d'équilibre, la prédominance prolongée d'États affaiblis sur le plan institutionnel crée les conditions d'apparition de tels conflits dans le futur.

Ces conflits internes sont souvent particulièrement cruels, ils durent longtemps et il est difficile d'y mettre un terme. Ils provoquent souvent des déplacements de population à l'intérieur des frontières et génèrent des flux de réfugiés vers l'extérieur, en déstabilisant les pays voisins.

• L'Afrique subsaharienne continuera d'être exposée à des urgences humanitaires de plus en plus graves, issues de ces crises. Les conflits génocidaires visant l'annihilation de tout ou partie d'un groupe racial, ethnique ou religieux, et les conflits provoqués par d'autres causes que des crimes contre l'humanité – comme des expulsions forcées à grande échelle – seront certainement ceux qui provoqueront des migrations et des besoins humanitaires massifs et insolubles.

Certains conflits internes, en particulier ceux qui impliquent des groupes ethniques à cheval sur des frontières nationales, risquent l'escalade vers des conflits à l'échelle régionale. À leur niveau le plus extrême, ces conflits internes peuvent engendrer la défaillance ou la faillite d'un État, avec des portions de territoire et des populations privées de tout contrôle gouvernemental effectif. Dans de telles circonstances, ces territoires peuvent devenir les sanctuaires de terroristes transnationaux (comme Al-Qaïda en Afghanistan) ou pour des criminels et des cartels de la drogue (comme en Colombie).

PUISSANCES MONTANTES :
LE COMBUSTIBLE DES CONFLITS ?

Au cours des quinze prochaines années, la probabilité d'un grand conflit entre puissances et menant à une escalade vers une guerre totale sera plus faible qu'il n'a jamais été durant le siècle précédent. À l'inverse, au cours des siècles précédents, les conflits locaux étaient l'étincelle qui provoquait les guerres mondiales. Les rigidités des systèmes d'alliances antérieurs à la Première Guerre mondiale et durant la période de l'entre-deux-guerres, ainsi que l'impasse des deux blocs pendant la Guerre froide, représentaient une quasi-certitude de voir dégénérer les conflits secondaires. En revanche, aujourd'hui, même si un conflit devait éclater sur Taïwan ou entre l'Inde et le Pakistan, les puissances extérieures à cette confrontation, tout comme les protagonistes impliqués au premier chef, souhaiteront en limiter l'étendue.

En outre, la dépendance croissante par rapport aux réseaux financiers et commerciaux planétaires agira de plus en plus comme un facteur dissuasif par rapport aux conflits entre grandes puissances (les États-Unis, l'Europe, la Chine, l'Inde, le Japon et la Russie). Toutefois cela n'élimine pas la possibilité d'un conflit entre grandes puissances. L'absence de mécanismes efficaces de résolution des conflits dans certaines régions, la montée du nationalisme dans certains États et, dans des confrontations déterminantes, la part des émotions brutes chez les uns et les autres augmentent les risques d'une erreur de calcul.

• Même si une confrontation militaire entre la Chine et Taïwan faisait capoter les efforts de Pékin pour obtenir la reconnaissance de son statut de puissance régionale et mondiale, nous ne pouvons écarter une telle possibilité. Des événements comme la proclamation de l'indépendance de Taïwan pourraient en effet conduire Pékin à entreprendre des démarches qu'en d'autres circonstances le régime chinois préférerait éviter. Dans le même ordre d'idées, la montée en puissance de la Chine sur le plan militaire, en lui permettant de constituer des forces écrasantes en face de Taïwan, accroît le risque de conflit militaire.

• L'Inde et le Pakistan semblent comprendre le prix probable qu'ils auraient à payer en cas de déclenchement d'un conflit. Mais les sentiments nationalistes sont déjà très échauffés et il est peu probable qu'ils s'apaisent. Si l'on s'en tient aux cas de figure les plus plausibles, le Pakistan pourrait employer l'arme nucléaire à seule fin de contrer un succès des forces indiennes conventionnelles, surtout si l'on considère, du strict point de vue de la stratégie militaire, le peu de profondeur du territoire pakistanais.

Si un conflit impliquant une ou plusieurs grandes puissances devait survenir, les conséquences seraient incalculables. Les progrès des armements modernes – portée et précision balistique accrues, apparition de munitions conventionnelles destructrices – créent un précédent qui encourage l'usage préventif de la force militaire. La plus grande portée des nouveaux missiles et des systèmes d'armes embarqués dans les forces aériennes fournit une sanctuarisation à leurs possesseurs.

Comment l'Afrique subsaharienne peut-elle aller de l'avant ?

La plupart des experts régionaux que nous avons consultés s'accordent à penser que, pour l'Afrique, le scénario le plus vraisemblable sera celui d'un patchwork, avec d'importantes différences de performances sur les plans économique et politique.

La capacité de l'Afrique à profiter des facteurs positifs de la mondialisation dépend de la faculté de chaque pays à mettre fin à un conflit, à améliorer ses méthodes de gouvernement, à faire rentrer la corruption dans le rang et à faire respecter les lois. Si l'on enregistre un progrès dans tous ces domaines, un renforcement des investissements de source étrangère, qui restent actuellement confinés dans le secteur pétrolier, est envisageable. Nos experts régionaux estiment que si les dirigeants africains employaient ces investissements à favoriser la croissance de leur économie – ouvrant ainsi la voie à la richesse, et non plus seulement un accès aux allées du pouvoir –, ils seraient alors en mesure d'alléger la myriade d'autres problèmes auxquels leurs pays sont confrontés. Dès lors, la perspective de voir la prospérité réduire l'intensité des conflits serait bien réelle.

Le développement des richesses existantes ou l'expansion de nouvelles voies d'enrichissement resteront les deux facteurs déterminants. Même si les ressources minérales et naturelles ne sont pas distribuées de manière égale entre ces pays, l'Afrique subsaharienne en est bien dotée. Qui plus est, elle détient le potentiel pour accéder à l'autosuffisance sur le plan alimentaire, et pour devenir un exportateur de denrées agricoles, de produits animaux ou de la pêche. La baisse ou l'élimination des barrières douanières et des subventions à l'agriculture au sein de l'Union européenne et aux États-Unis, associées à la demande de matières premières émanant des économies chinoise et indienne en plein essor, pourraient apporter une stimulation majeure aux économies africaines et les sortir de décennies de prix des matières premières trop bas.

Les spécialistes africains sont tous du même avis : la réforme économique et des principes de gouvernement sains sont indispensables à la croissance économique. Ils ont aussi conclu que les pays africains doivent prendre l'initiative en négociant de nouveaux régimes d'aides et de nouvelles relations commerciales. Jusqu'à présent, ces aides et ces relations étaient essentiellement dictées par les institutions financières internationales et le monde développé. Le Nouveau Partenariat pour le développement de l'Afrique (NEPAD), avec ses mécanismes d'autosurveillance et d'examen par des pairs, fournit le dispositif nécessaire à cette transformation économique, pourvu que ses membres honorent leurs engagements, tant au niveau collectif qu'individuel.

Au cours des quinze prochaines années, dans beaucoup de pays africains, la réforme démocratique va rester lente et imparfaite. Ce sera dû à toute une série de problèmes économiques et sociaux, mais il est aussi hautement improbable que la règle démocratique soit remise en cause. Les dirigeants africains sont confrontés à des accords avec des organisations non gouvernementales sur le plan national ou international, qui ont parfois vocation à supplanter certains services étatiques, à des réseaux criminels qui opèrent librement entre les frontières et à des groupes islamiques qui veulent établir des repaires sur leur territoire.

Certains États échoueront, mais dans d'autres la démocratie en place va certainement devenir de meilleure qualité. La nouvelle génération de dirigeants comprend beaucoup d'individus issus du secteur privé, qui sont plus à l'aise que leurs prédécesseurs avec la démocratie. Ils pourraient apporter une forte dynamique politique à la démocratie africaine de l'avenir.

Ces dirigeants demeurent l'élément imprévisible qui, même dans les circonstances les moins favorables, pourrait faire une énorme différence, dans le sens positif. Même si les pays mal dirigés auront plus de mal à ne pas basculer, ceux qui sont dotés d'une classe dirigeante efficace, qui met en avant l'ordre, les institutions et la résolution des conflits, auront au moins une chance de progresser.

En attendant que les systèmes de défense stratégiques soient aussi puissants que les systèmes offensifs, la prime associée à la capacité de projection géographique d'un conflit pour interdire ce sanctuaire à l'agresseur restera fondamentale. Qui plus est, un certain nombre de conflits récents, avec engagement de hautes technologies, ont démontré que l'issue des premières batailles d'un conflit majeur détermine très souvent la réussite de campagnes entières. Dans de telles circonstances, les experts militaires estiment que l'action préventive apparaîtra dès lors comme la condition nécessaire à tout succès stratégique.

LE FACTEUR AMD (ARMES DE DESTRUCTION MASSIVE)

Les armes nucléaires. Au cours des quinze années à venir, un certain nombre de pays vont continuer de développer leurs programmes d'armes nucléaires, chimiques et biologiques et, dans certains cas, ils vont renforcer leurs capacités. Les États nucléaires actuels ne vont pas cesser d'améliorer les chances de survie de leurs forces de dissuasion et vont presque certainement améliorer la fiabilité, la précision et l'efficacité meurtrière de leurs systèmes balistiques, tout en développant leurs capacités de pénétration des défenses antimissiles. La démonstration au grand jour de capacités nucléaires par un État donné discréditerait encore davantage l'actuel régime de non-prolifération nucléaire. Elle entraînerait aussi un possible glissement dans l'équilibre des pouvoirs, en augmentant le risque de conflits débouchant sur l'escalade nucléaire.

• Les pays sans armes nucléaires, surtout au Moyen-Orient et en Asie du Nord-Est, pourraient décider d'aller se les procurer ailleurs, dès lors qu'il apparaîtrait clairement que leurs voisins en font déjà autant.

• L'assistance d'agents de prolifération, par exemple d'anciens interlocuteurs économiques du secteur privé comme ceux du réseau de l'ingénieur Abdul Qadeer Khan, le « père » de la bombe pakistanaise, accélérera encore l'accès de nouveaux pays à l'arsenal nucléaire.

Les armes biologiques et chimiques. Le développement des agents présents dans les armes chimiques et biologiques et la prolifération des compétences nécessaires feront planer une menace substantielle, en particulier de la part des terroristes, comme nous l'avons déjà noté.

• Étant donné l'objectif de certains groupes terroristes (utiliser des armes d'emploi furtif et susceptibles d'avoir un impact spectaculaire), nous nous attendons à voir des activistes recourir à des armes biologiques et chimiques prêtes à l'emploi.

Certains pays continueront d'intégrer les outils de production de ces deux types d'armes dans des infrastructures commerciales d'apparence tout à fait légitime, afin de les dissimuler aux inspections éventuelles. Quant à leurs programmes d'armes chimiques et biologiques, ils seront moins dépendants de fournisseurs étrangers.

• Des progrès majeurs dans le domaine des technologies de l'information et des sciences biologiques vont accélérer le rythme de développement des agents biologiques destinés à l'armement. Le potentiel de ces agents va augmenter, ils seront plus compliqués à détecter et il sera plus difficile de se défendre contre eux. D'ici à 2020, certaines nations s'efforceront de poursuivre le développement d'agents chimiques conçus pour contourner le régime de vérification instauré par la Convention pour l'interdiction des armes chimiques.

Systèmes balistiques. La sécurité des territoires et des populations sera toujours exposée aux dangers des missiles de croisière et des missiles balistiques, ou à des aéronefs sans pilote de plus en plus perfectionnés. Les États

**Conflits internes.
Les tendances mondiales 1990-2003**

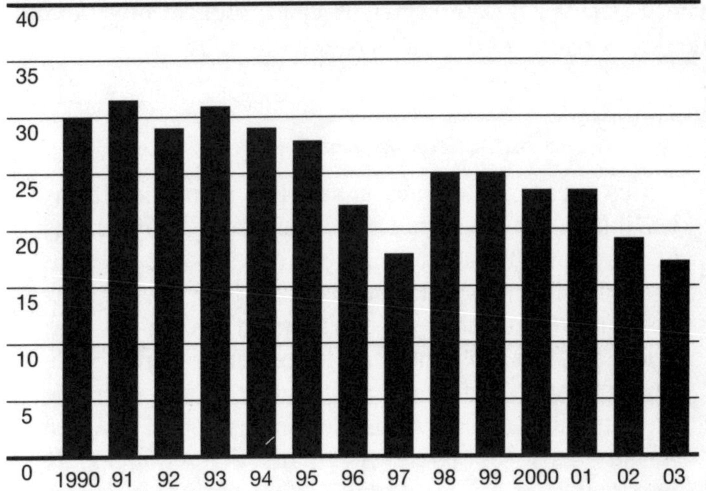

Source : données extraites de l'Uppsala Conflict Data Project, publié par l'Institut International de recherches pour la paix de Stockholm (SIPRI), dans l'annuel du SIPRI.

vont presque à coup sûr augmenter la portée, la fiabilité et la précision des systèmes de missiles présents dans leurs arsenaux. D'ici à 2020, plusieurs pays parmi ceux qui constituent un sujet d'inquiétude auront sûrement acquis des missiles de croisière d'attaque terrestre (LACM) capables de menacer le territoire des États-Unis s'ils sont acheminés et tirés à proximité des côtes américaines. La Corée du Nord et l'Iran détiendront probablement une capacité ICBM (missile balistique intercontinental) bien avant 2020. Ils travailleront à l'amélioration des capacités de ces systèmes, même si, le cas échéant, dans les deux pays, de nouveaux régimes en place pourraient réévaluer leurs objectifs. D'ici là, plusieurs autres pays auront certainement développé des véhicules spatiaux pour placer des satellites de conception nationale en orbite et rehausser leur prestige. Le véhicule spatial est en effet le marchepied vers l'ICBM : il peut servir de catalyseur au programme de développement d'un tel système de missiles.

Des institutions internationales en crise

Les pressions accrues auxquelles seront soumises les institutions internationales rendront souvent ces dernières inefficaces, à moins qu'elles ne sachent procéder à une adaptation radicale pour mieux correspondre à de nouveaux acteurs et à de nouvelles priorités. Les institutions de dimension régionale seront tout particulièrement mises au défi de répondre aux menaces transnationales complexes que feront peser les bouleversements économiques, le terrorisme, le crime organisé et la prolifération des armes de destruction massive. Des créations issues de la Seconde Guerre mondiale comme les Nations unies et les institutions financières internationales courent le risque de glisser dans l'obsolescence, à moins qu'elles ne prennent en considération le pouvoir croissant des puissances montantes.

• Les défenseurs et les opposants du multilatéralisme s'accordent à penser que le Rwanda, la Bosnie et la Somalie ont démontré l'inefficacité, le manque de préparation et les faiblesses des institutions mondiales et régionales, leur incapacité relative à traiter les conflits, qui seront probablement chose courante à l'avenir.

Le problème de la défaillance des États – qui est la source ou l'incubateur d'un grand nombre de menaces transnationales – plaide pour une meilleure coordination entre les institutions, notamment les institutions financières internationales et les entités en charge de la sécurité à l'échelon régional.

La construction d'un consensus mondial quant à la méthode et au moment d'une intervention sera certainement le plus grand obstacle sur la voie d'une plus grande efficacité. C'est une tâche essentielle aux yeux de beaucoup d'experts, si l'on veut que les institutions multilatérales soient à la hauteur de leur potentiel et de leurs promesses. Beaucoup d'États, surtout parmi les puissances émergentes, sont soucieux de ne pas créer un précédent en créant les conditions d'une intervention internationale dans leurs affaires intérieures. Néanmoins, la plupart des problèmes, comme la défaillance d'un État, ne pourront être abordés avec efficacité qu'à travers une identification précoce et des mesures préventives.

D'autres difficultés susceptibles de surgir à l'ordre du jour planétaire ajouteront aux pressions exercées sur l'ordre collectif international, ainsi que sur certains pays pris séparément. Ces « nouvelles » questions pourraient devenir les sujets de base de la diplomatie internationale, à peu près l'équivalent des droits de l'homme dans les années 1970 et 1980. Les questions éthiques liées aux découvertes biotechnologiques comme le clonage, les organismes génétiquement modifiés et l'accès aux biomédecines risquent de devenir la source de débats animés entre pays et régions du monde. À mesure que la technologie renforce les capacités des États de suivre la piste des terroristes, les inquiétudes sur la vie privée et l'extraterritorialité risquent de plus en plus de s'exprimer au grand jour, dans les opinions publiques du monde entier. De la même manière, les débats autour des questions environnementales et de la maîtrise du changement climatique risquent de brouiller les cartes de l'ordre international. Ces questions pourraient dresser les États-Unis contre leurs alliés traditionnels en Europe, et braquer les pays développés contre le monde en voie de développement, à moins que l'on ne parvienne à davantage de coopération planétaire. Les puissances émergentes seraient aussi tentées de voir les débats d'éthique et d'environnement comme une tentative des pays riches de ralentir leur progression en imposant des normes et des valeurs « occidentales ». La nécessité de la réforme institutionnelle est aussi de nature à s'imposer. Nombreux sont ceux, dans le monde en voie de développement, qui croient que la puissance des organes internationaux demeure trop figée, comme un instantané de l'après-Seconde Guerre mondiale qui ne serait plus l'image fidèle du monde actuel.

Les lois de la guerre : l'entrée dans le « no man's land »

La plupart des conflits armés revêtent désormais des formes non conventionnelles ou qui n'engagent pas des forces régulières, comme les interventions humanitaires et les opérations conçues pour extirper le terroriste de ses bases arrière. Loin de la guerre conventionnelle entre États, les principes qui régissent le recours à la force militaire et son emploi seront de plus en plus remis en question. La loi internationale, qui sanctuarise la souveraineté nationale, et les conventions de Genève, qui régissent la conduite de la guerre, ont été élaborées avant que l'on ne connaisse les menaces pesant en ce début de XXIe siècle sur la sécurité à l'échelon transnationale.

À la fin des années 1990, l'indignation devant le traitement infligé par l'ancien président serbe Milosevic aux Kosovars a incité à une plus grande acceptation du principe d'interventions humanitaires à l'échelle internationale. Elle a renforcé la position de ceux qui, dans la tradition de la « guerre juste », depuis la fondation de l'ONU et même antérieurement, ont défendu l'idée que la communauté internationale avait un « devoir d'ingérence », afin d'empêcher que soient commises des atrocités portant atteinte aux droits de l'homme. Toutefois, ce principe continue d'être contesté avec vigueur par certains pays soucieux de ne pas porter atteinte au principe de la souveraineté nationale.

Le statut juridique et les droits des prisonniers capturés lors d'opérations militaires et soupçonnés d'être impliqués dans des actions terroristes resteront un sujet de controverse. C'est le cas en ce qui concerne beaucoup de prisonniers capturés lors de l'opération « Liberté immuable », en Afghanistan. Le débat sur le degré à partir duquel, en cas d'incitation à la violence ou à commettre des actes violents, les chefs religieux ou certaines autres figures doivent être considérés comme des terroristes internationaux va aussi certainement occuper le devant de la scène.

La guerre en Irak a soulevé des questions sur le statut à accorder (s'il en existe un) au nombre toujours plus important d'entreprises sous-traitantes auxquelles les États-Unis ont recours pour assurer la sécurité des centres de détention de prisonniers de guerre, les doter en personnels qualifiés et interroger les prisonniers et les détenus.

La protection des organisations non gouvernementales (ONG) en situation de conflit est un autre problème qui s'est aggravé de façon singulière. En effet, certaines organisations caritatives – comme les missionnaires wahabites qui financent les causes terroristes – ont essuyé des critiques et subi des mesures coercitives alors même que les ONG occidentales ou d'autres origines devenaient des « cibles molles » en situation de conflit.

Le rôle des États-Unis, qui consiste à essayer d'édicter des normes, pose en soi un problème et va probablement compliquer les efforts que déploie la communauté internationale pour parvenir à un accord sur un nouvel ensemble de règles. Contenir et limiter la sauvagerie des conflits seront rendus plus difficiles en l'absence de règles claires.

Les zones d'après combats, sources des plus grands défis

Au cours des quinze prochaines années, et si les dernières décennies peuvent servir de guide, la manière de mener et de gagner une confrontation armée conventionnelle ne devrait guère représenter un défi majeur pour les États-Unis. Pourtant, les efforts de la communauté internationale pour prévenir les explosions et s'assurer que les conflits ne soient pas le prélude à de nouvelles crises pourraient se révéler des plus ardus.

• Dans le meilleur des cas, la construction d'une nation relève toujours d'un concept imparfait, mais c'est d'autant plus vrai avec l'importance croissante des identités culturelles, ethniques et religieuses.

• Les efforts de l'Afrique pour bâtir une force régionale de maintien de la paix apparaissent prometteurs, toutefois l'Afrique subsaharienne va devoir se battre pour attirer les ressources suffisantes et susciter une volonté politique.

• Les coûts énormes en ressources et en temps requis pour la mise sur pied d'une nation ou pour mener à bien les opérations postérieures à un conflit ou à la défaillance d'un État constitueront probablement une grave contrainte dans la mise en œuvre de coalitions ou d'interventions internationales de ce type.

SCÉNARIO-FICTION : *LE CYCLE DE LA PEUR*

Ce scénario explore ce qui pourrait arriver si les inquiétudes nées de la prolifération de certaines armes se trouvaient exacerbées, au point qu'il faille prendre des mesures de sécurité à grande échelle, forcément importunes. Dans un tel monde, les agents de la prolifération – notamment les marchands d'armes clandestins – risqueraient d'avoir de plus en plus de mal à opérer, mais en même temps, avec la propagation des armes de destruction massive (AMD), un plus grand nombre de pays voudront peut-être s'armer, afin de garantir leur propre protection. Ce scénario prend la forme d'une série de SMS échangés par téléphone portable entre deux marchands d'armes. Le premier est engagé sur le terrain idéologique, il veut rendre la partie plus égale et assurer au monde musulman qu'il aura sa part d'AMD, tandis que l'autre est un mercenaire au sens strict du terme. Aucun des deux ne sait au juste qui se situe à l'autre bout de la chaîne (un gouvernement client ou un front terroriste). À mesure que le scénario avance, le cycle de la peur qui puise son origine dans des attaques terroristes perpétrées avec des AMD échappe à tout contrôle, pour le plus grand bénéfice des marchands d'armes qui semblent impliqués dans de lucratives transactions. Néanmoins, la peur engendre la peur. Les mesures draconiennes appliquées avec de plus en plus de vigueur par les gouvernements pour endiguer la prolifération et se protéger contre le terrorisme ont aussi commencé de faire fuire les marchands de canons. Dans tout cela, la mondialisation risque fort d'être la vraie victime.

Deux marchands d'armes sont lancés dans une affaire illégale, sans plus de précisions.

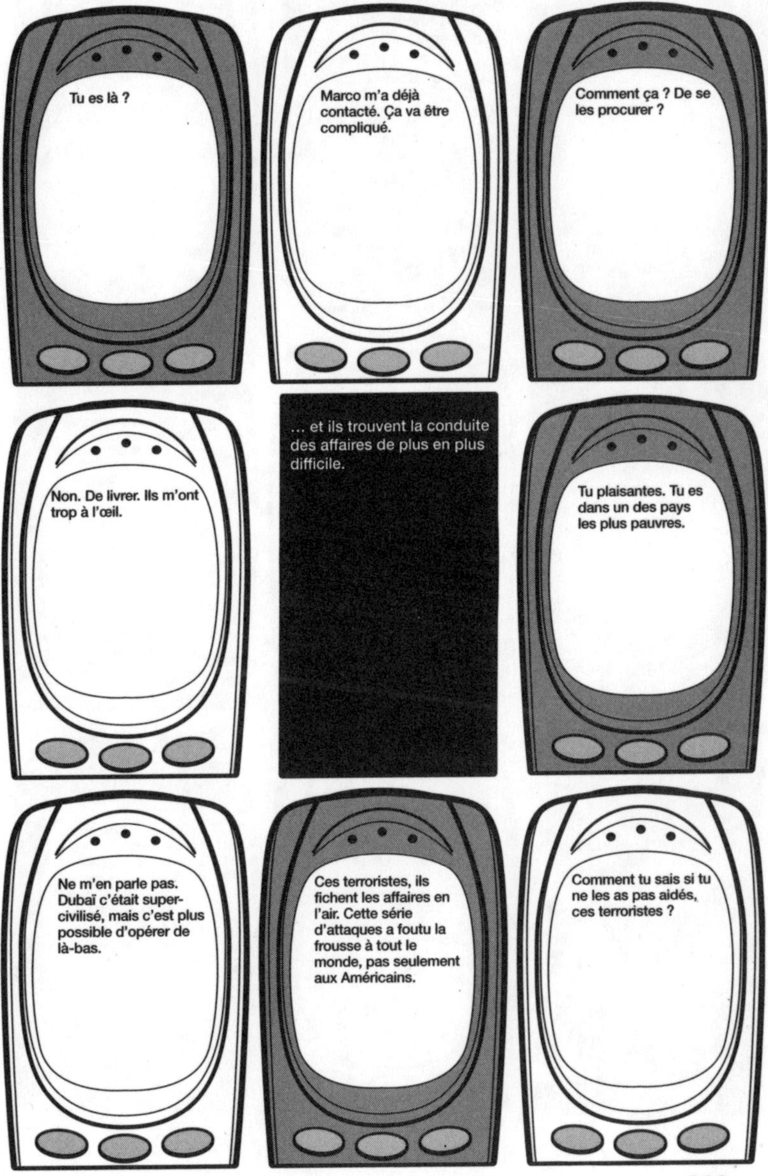

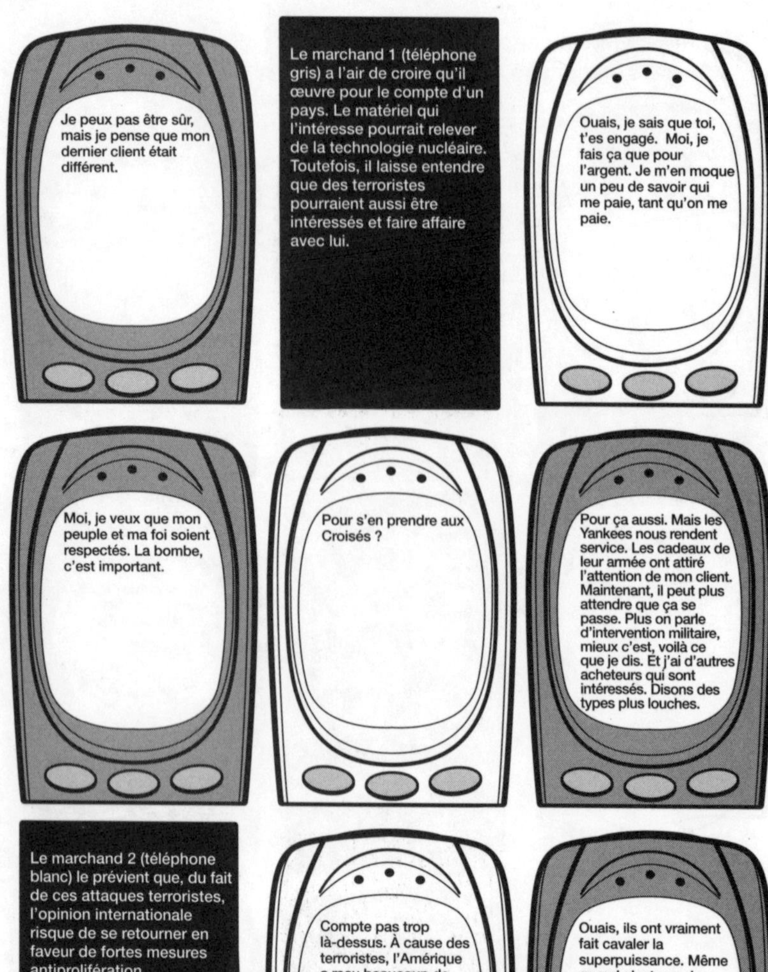
Je peux pas être sûr, mais je pense que mon dernier client était différent.
Le marchand 1 (téléphone gris) a l'air de croire qu'il œuvre pour le compte d'un pays. Le matériel qui l'intéresse pourrait relever de la technologie nucléaire. Toutefois, il laisse entendre que des terroristes pourraient aussi être intéressés et faire affaire avec lui.
Ouais, je sais que toi, t'es engagé. Moi, je fais ça que pour l'argent. Je m'en moque un peu de savoir qui me paie, tant qu'on me paie.
Moi, je veux que mon peuple et ma foi soient respectés. La bombe, c'est important.
Pour s'en prendre aux Croisés ?
Pour ça aussi. Mais les Yankees nous rendent service. Les cadeaux de leur armée ont attiré l'attention de mon client. Maintenant, il peut plus attendre que ça se passe. Plus on parle d'intervention militaire, mieux c'est, voilà ce que je dis. Et j'ai d'autres acheteurs qui sont intéressés. Disons des types plus louches.
Le marchand 2 (téléphone blanc) le prévient que, du fait de ces attaques terroristes, l'opinion internationale risque de se retourner en faveur de fortes mesures antiprolifération.
Compte pas trop là-dessus. À cause des terroristes, l'Amérique a reçu beaucoup de soutiens. Les gens se méfient pas mal de ces attaques, surtout maintenant.
Ouais, ils ont vraiment fait cavaler la superpuissance. Même quand c'est pas des AMD, ils se figurent que c'en est quand même. C'est juste la fièvre aphteuse. Au début, c'est difficile de faire la différence.

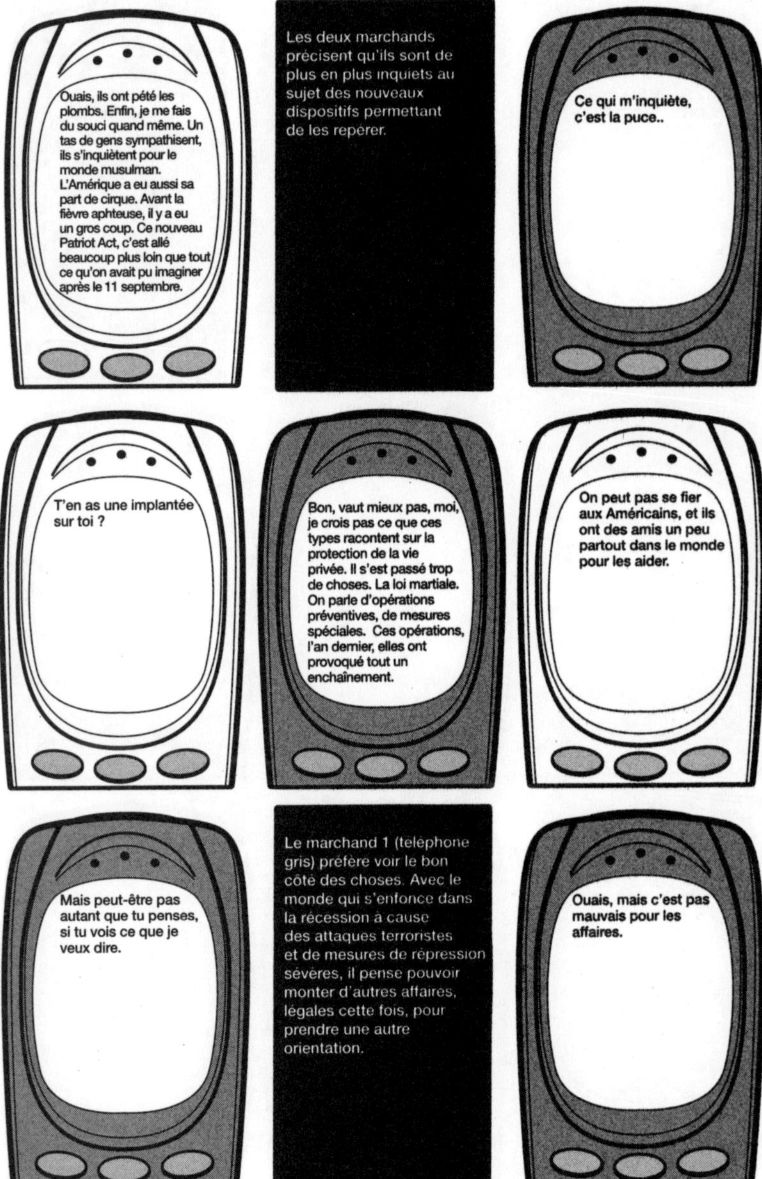
Ouais, ils ont pété les plombs. Enfin, je me fais du souci quand même. Un tas de gens sympathisent, ils s'inquiètent pour le monde musulman. L'Amérique a eu aussi sa part de cirque. Avant la fièvre aphteuse, il y a eu un gros coup. Ce nouveau Patriot Act, c'est allé beaucoup plus loin que tout ce qu'on avait pu imaginer après le 11 septembre.
Les deux marchands précisent qu'ils sont de plus en plus inquiets au sujet des nouveaux dispositifs permettant de les repérer.
Ce qui m'inquiète, c'est la puce..
T'en as une implantée sur toi ?
Bon, vaut mieux pas, moi, je crois pas ce que ces types racontent sur la protection de la vie privée. Il s'est passé trop de choses. La loi martiale. On parle d'opérations préventives, de mesures spéciales. Ces opérations, l'an dernier, elles ont provoqué tout un enchaînement.
On peut pas se fier aux Américains, et ils ont des amis un peu partout dans le monde pour les aider.
Mais peut-être pas autant que tu penses, si tu vois ce que je veux dire.
Le marchand 1 (téléphone gris) préfère voir le bon côté des choses. Avec le monde qui s'enfonce dans la récession à cause des attaques terroristes et de mesures de répression sévères, il pense pouvoir monter d'autres affaires, légales cette fois, pour prendre une autre orientation.
Ouais, mais c'est pas mauvais pour les affaires.

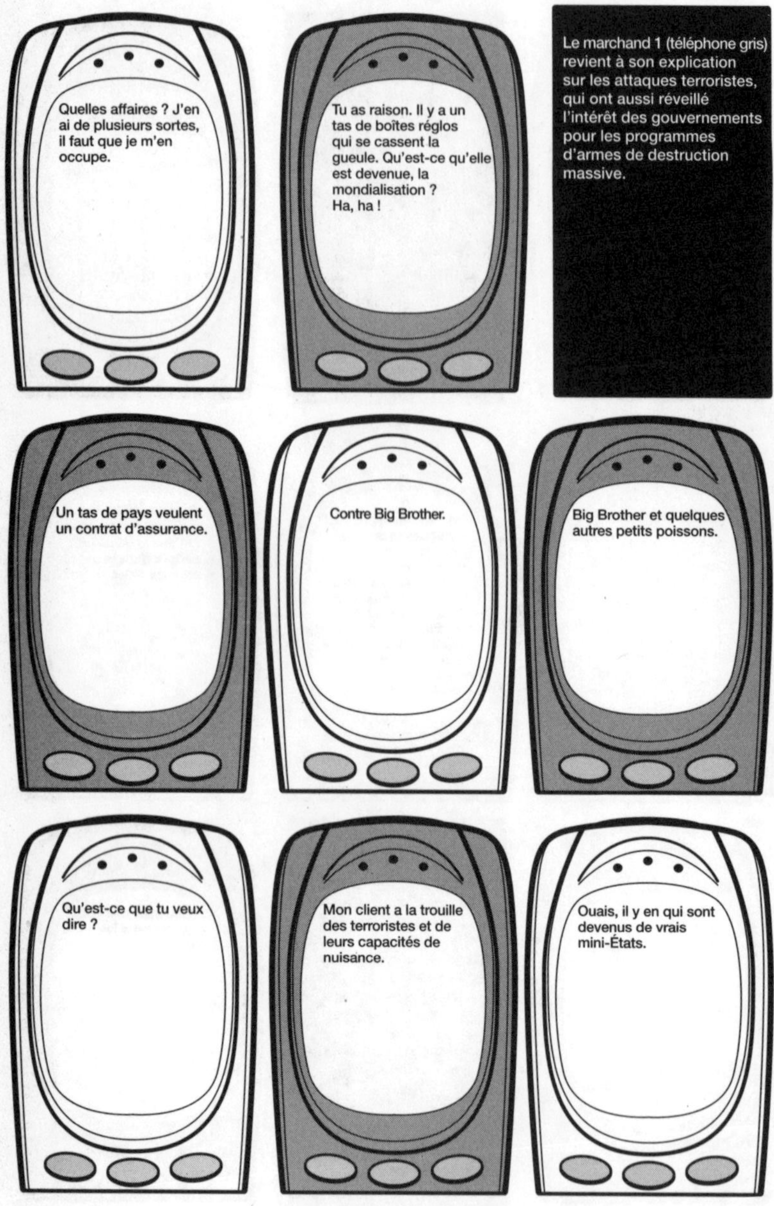
Quelles affaires ? J'en ai de plusieurs sortes, il faut que je m'en occupe.
Tu as raison. Il y a un tas de boîtes réglos qui se cassent la gueule. Qu'est-ce qu'elle est devenue, la mondialisation ? Ha, ha !
Le marchand 1 (téléphone gris) revient à son explication sur les attaques terroristes, qui ont aussi réveillé l'intérêt des gouvernements pour les programmes d'armes de destruction massive.
Un tas de pays veulent un contrat d'assurance.
Contre Big Brother.
Big Brother et quelques autres petits poissons.
Qu'est-ce que tu veux dire ?
Mon client a la trouille des terroristes et de leurs capacités de nuisance.
Ouais, il y en qui sont devenus de vrais mini-États.

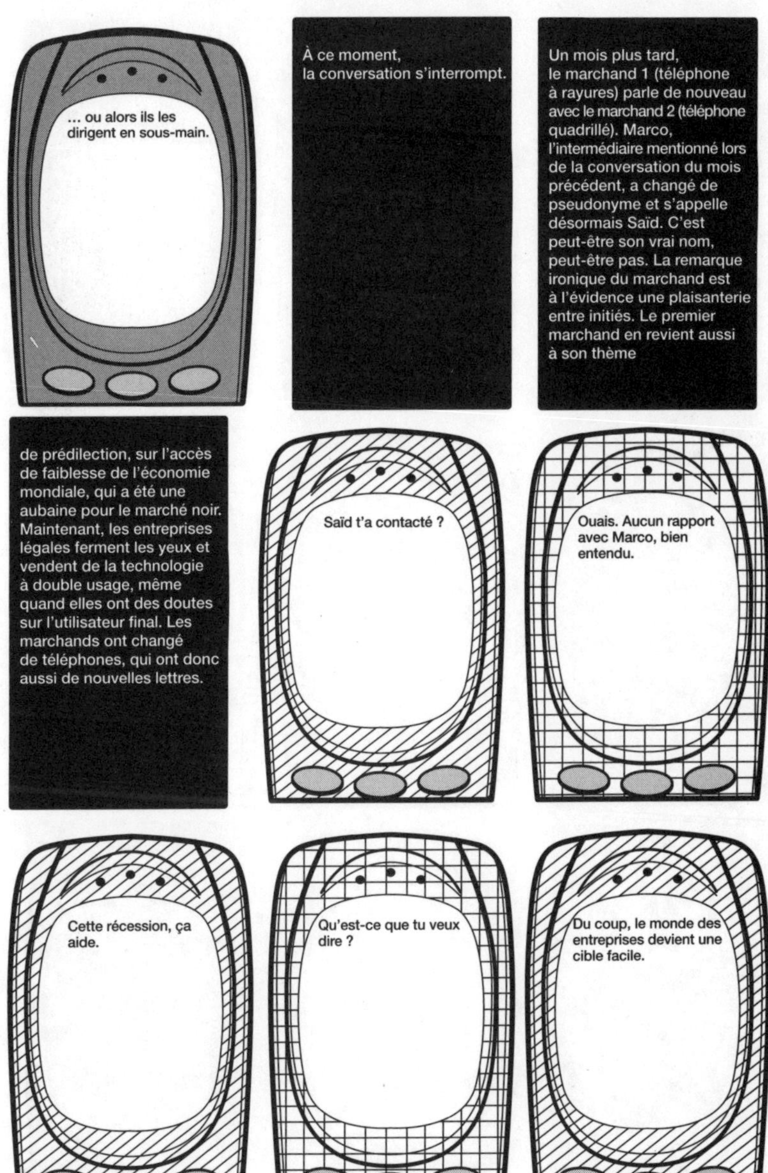
... ou alors ils les dirigent en sous-main.
À ce moment, la conversation s'interrompt.
Un mois plus tard, le marchand 1 (téléphone à rayures) parle de nouveau avec le marchand 2 (téléphone quadrillé). Marco, l'intermédiaire mentionné lors de la conversation du mois précédent, a changé de pseudonyme et s'appelle désormais Saïd. C'est peut-être son vrai nom, peut-être pas. La remarque ironique du marchand est à l'évidence une plaisanterie entre initiés. Le premier marchand en revient aussi à son thème
de prédilection, sur l'accès de faiblesse de l'économie mondiale, qui a été une aubaine pour le marché noir. Maintenant, les entreprises légales ferment les yeux et vendent de la technologie à double usage, même quand elles ont des doutes sur l'utilisateur final. Les marchands ont changé de téléphones, qui ont donc aussi de nouvelles lettres.
Saïd t'a contacté ?
Ouais. Aucun rapport avec Marco, bien entendu.
Cette récession, ça aide.
Qu'est-ce que tu veux dire ?
Du coup, le monde des entreprises devient une cible facile.

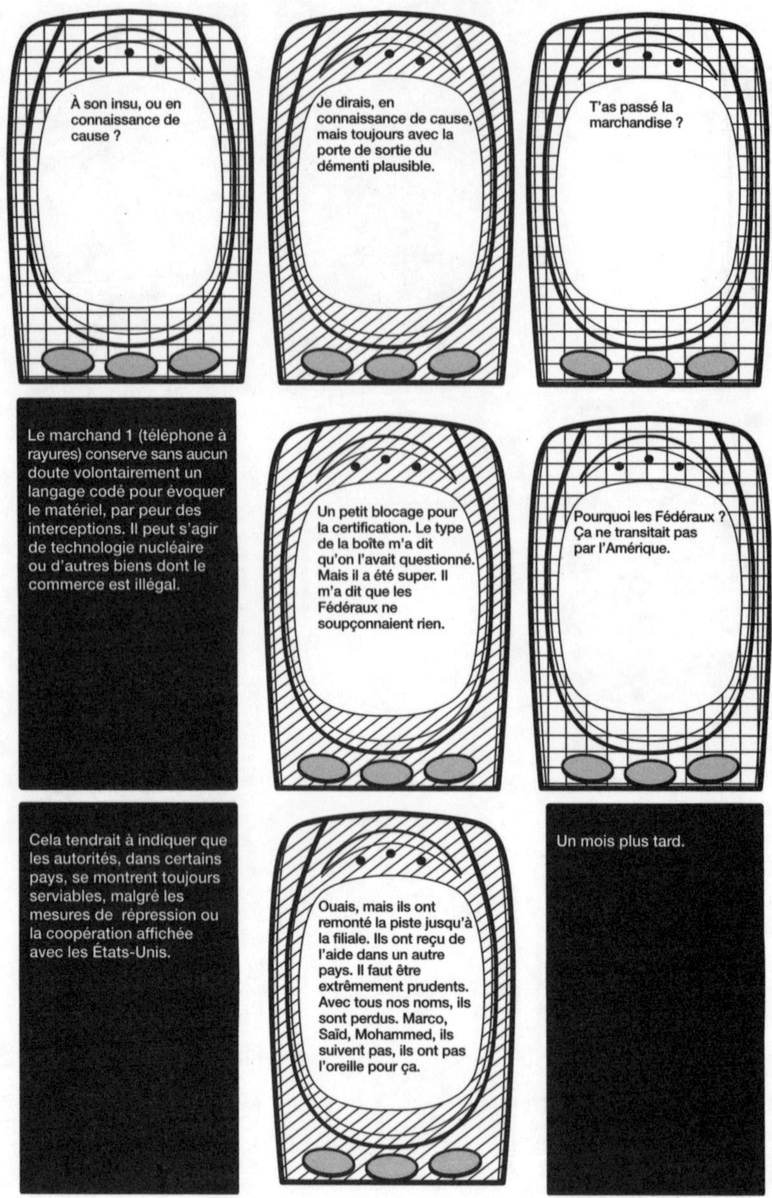
À son insu, ou en connaissance de cause ?
Je dirais, en connaissance de cause, mais toujours avec la porte de sortie du démenti plausible.
T'as passé la marchandise ?
Le marchand 1 (téléphone à rayures) conserve sans aucun doute volontairement un langage codé pour évoquer le matériel, par peur des interceptions. Il peut s'agir de technologie nucléaire ou d'autres biens dont le commerce est illégal.
Un petit blocage pour la certification. Le type de la boîte m'a dit qu'on l'avait questionné. Mais il a été super. Il m'a dit que les Fédéraux ne soupçonnaient rien.
Pourquoi les Fédéraux ? Ça ne transitait pas par l'Amérique.
Cela tendrait à indiquer que les autorités, dans certains pays, se montrent toujours serviables, malgré les mesures de répression ou la coopération affichée avec les États-Unis.
Ouais, mais ils ont remonté la piste jusqu'à la filiale. Ils ont reçu de l'aide dans un autre pays. Il faut être extrêmement prudents. Avec tous nos noms, ils sont perdus. Marco, Saïd, Mohammed, ils suivent pas, ils ont pas l'oreille pour ça.
Un mois plus tard.

Le SMS n'est-il pas passé ? Le marchand B est-il entré dans la clandestinité complète ou bien s'est-il fait arrêter lors d'un contrôle de sécurité ? Ce n'est pas clair. On espère en tout cas que le tour des événements va rendre le marchand 1 plus nerveux.

Les leçons à tirer

- Une fois enclenché, le cycle de la peur induit par la dissémination de plus en plus large des AMD et la multiplication des attaques terroristes serait des plus difficiles à briser. Un sentiment accru d'insécurité suffirait à inciter d'autres pays à se doter d'armes de destruction massive, par souci de protection ou par mesure de dissuasion.
- L'un des aspects compliqués de la lutte contre la diffusion des AMD serait le facteur idéologique, tel que l'évoque l'un de nos deux marchands dans notre dialogue. Certains marchands d'armes n'agiraient pas d'abord et avant tout pour l'argent, mais pour permettre au monde musulman de faire jeu égal avec l'Occident.
- Parvenir à un équilibre, pour que le commerce mondial ne soit pas entravé par des mesures de sécurité excessives serait très important car toute faiblesse de l'économie risquerait de pousser les entreprises légitimes et les scientifiques à s'engager dans une activité hautement lucrative, mais tout à fait illégale.
- Le développement et le maintien de la coopération internationale constitueraient l'autre défi, quand le cycle de la peur pourrait inciter certains à jouer la partie en solitaire.

LES IMPLICATIONS POLITIQUES

L'ordre international va connaître d'ici à 2020 une période de profonde mutation, sans précédent depuis la fin de la Seconde Guerre mondiale. Quand nous dressons la carte du futur, les perspectives de prospérité planétaire et la probabilité limitée d'une conflagration entre grandes puissances garantissent un environnement d'ensemble favorable face aux dangers à venir. Malgré les terribles défis qui leur seront lancés, les États-Unis seront mieux placés que la quasi-totalité des autres nations pour s'adapter à un cadre mondial en mutation.

Comme l'illustrent nos scénarios, les grandes transformations mondiales pourraient revêtir plusieurs formes, être perturbées ou soutenues par des forces du changement. En un sens, ces scénarios nous permettent de percevoir les développements futurs à travers quatre lentilles grossissantes, en soulignant la vaste palette de facteurs, de discontinuités et d'incertitudes qui est en train de modeler un nouvel ordre mondial. La première lentille, c'est l'économie mondialisée, ensuite, il y a le rôle joué par les États-Unis, la troisième concerne la place de l'identité sociale et religieuse, et la quatrième évoque la cassure de l'ordre international, du fait de la montée de l'insécurité. Les quatre visions insistent sur les « aiguillages » susceptibles de faire passer l'évolution des événements d'une voie vers une autre. Les points de bifurcation les plus importants concernent l'impact d'une croissance économique robuste et la diffusion de la technologie, la nature et la portée du terrorisme, la capacité de résistance ou la faiblesse des États, en particulier au Moyen-Orient, en Asie centrale et en Afrique. Enfin, il y a toujours le risque d'extension d'un conflit, y compris entre plusieurs États.

• Tout compte fait, par exemple, comme nous le montre l'hypothèse *Le monde selon Davos*, une robuste croissance économique aidera probablement à surmonter les divisions et à hisser d'autres régions et de nouveaux pays au sein d'un nouvel ordre mondial. Toutefois, des changements trop rapides pourraient aussi provoquer des désordres. L'une des leçons à retenir d'un tel scénario et des trois autres, c'est la nécessité d'avoir un pilotage, qui nous assure que la mondialisation ne sortira pas de ses rails.

Dans tous ces scénarios, le cadre évolutif de la politique internationale suggère que certains acteurs non étatiques continueront d'assumer un rôle sans cesse accru, sans devoir ou sans pouvoir pour autant remplacer l'État-nation. Parmi ces acteurs, on trouve des terroristes, qui resteront une menace pour la sécurité du monde, des ONG et des entreprises multinationales. Ces deux dernières entités constituent un exemple de forces largement positives qui diffusent la technologie, promeuvent le progrès économique, social, et fournissent une assistance humanitaire.

Les États-Unis et les autres pays du monde continueront de se montrer vulnérables au terrorisme international.

Comme nous l'avons relevé dans le scénario du *Cycle de la peur*, des campagnes terroristes, en provoquant des escalades sans précédent, surtout si elles impliquent des armes de destruction massive, constituent l'un des rares facteurs susceptibles de menacer la mondialisation.

Au cours des années à venir, les efforts de l'antiterrorisme – contre une toute nouvelle famille de terroristes, davantage reliés entre eux par l'idéologie et la technologie que par la géographie – représenteront un défi bien plus redoutable et plus complexe que la simple nécessité de se concentrer sur une organisation assez centralisée comme Al-Qaïda. Plus les connexions entre les terroristes sont lâches, plus les cellules sont diverses, plus il sera difficile de les débusquer et de déjouer les complots terroristes.

L'excellence technologique américaine est-elle en danger ?

Les investissements américains dans la recherche fondamentale et les applications technologiques innovantes ont directement contribué au leadership économique et militaire de la puissance américaine durant la période de l'après-Seconde Guerre mondiale. Ainsi, les Américains ont inventé et commercialisé le semiconducteur, l'ordinateur personnel et Internet, et d'autres pays leur ont emboîté le pas[1]. Si les États-Unis conservent leur première place, des signes laissent entrevoir que leur position est en danger.

Le nombre de titulaires d'un diplôme d'ingénieur a connu un pic en 1985, et il est aujourd'hui de 20 %

1. « Is America Losing Its Edge ? Innovation in a Globalized World » (« L'Amérique est-elle en train de perdre son avance ? L'innovation dans un univers mondialisé »), Adam Segal, *Foreign Affairs*, novembre-décembre 2004, New York, NY, p. 2.

inférieur à ce sommet. Le pourcentage d'étudiants américains en licence choisissant les cursus de l'ingénierie situe l'Amérique à l'avant-dernière place des pays développés. La Chine décerne approximativement trois fois plus de diplômes d'ingénieur que les États-Unis. Cependant, les mesures de sécurité consécutives au 11 septembre 2001 ont compliqué les possibilités d'amener les étudiants étrangers et, dans certains cas, les ressortissants d'autres pays à travailler dans des entreprises américaines[1]. Les universités extérieures aux États-Unis, pour lesquelles aucun visa américain n'est exigé, essaient d'exploiter cette situation et de se renforcer sur ce créneau.

La recherche-développement sur fonds privés dans le secteur industriel – qui compte pour 60 % dans le total de la R & D américaine – est en hausse cette année, après avoir subi trois ans de déclin[2]. Qui plus est, les grandes entreprises multinationales créent de plus en plus de « centres de recherche » en dehors des États-Unis.

Si l'on peut y voir des signes menaçants, le caractère intégrateur de la mondialisation et les forces inhérentes au système économique américain excluent tout jugement hâtif sur le déclin technologique de l'Amérique. D'après certaines estimations récentes, les États-Unis demeurent la société la plus compétitive du globe par rapport aux autres économies dominantes[3]. Dans un univers mondialisé, où

1. « Observations on S & T Trends and Their Potential Impact on Future », William Wulf (président de l'Académie nationale des ingénieurs), article proposé au Centre d'études stratégiques et internationales (CSIS) à titre de contribution à l'étude du Conseil national du renseignement, été 2004.

2. « L'Amérique est-elle en train de perdre son avance ? », p. 3.

3. *Global Competitiveness Report 2004-2005*, Forum économique mondial, http://www.forum.org, octobre 2004.

l'information change rapidement – notamment le partage transfrontalier qui s'effectue à l'intérieur des entreprises multinationales –, le créateur d'une nouvelle science ou d'une nouvelle technologie n'en sera pas nécessairement le bénéficiaire sur le marché.

• L'un de nos scénarios – *Pax americana* – envisage l'hypothèse où le consensus entre les États-Unis et l'Europe dans la lutte contre le terrorisme se verrait renforcé, mais nos autres scénarios – par exemple *Un nouveau califat* –, tablent sur une divergence entre les intérêts américains, russes, chinois et européens, susceptible de limiter la coopération sur l'antiterrorisme.

« Les États-Unis vont devoir reconquérir l'opinion mondiale, qui a connu un glissement spectaculaire depuis la fin de la Guerre froide. »

Le succès de la campagne antiterroriste menée par les États-Unis dépendra des capacités et de la résolution de chaque pays impliqué dans sa lutte sur son propre sol. Les efforts de Washington pour muscler les capacités des forces locales de sécurité dans d'autres pays, et le travail déployé avec ses partenaires sur les questions prioritaires (comme la montée en flèche du crime organisé) seraient de nature à doper cette coopération.

• La défense du territoire américain va commencer à l'extérieur des États-Unis. Comme les terroristes ont de plus en plus de mal à y pénétrer, ils vont certainement essayer d'attaquer sur leur territoire à partir de pays voisins.

Une stratégie antiterroriste qui aborderait le problème sur plusieurs fronts offrirait les meilleures chances de contenir – et finalement de réduire – la menace terroriste. Le développement de systèmes politiques plus ouverts, des opportunités économiques plus vastes et la montée en puissance des réformateurs musulmans seraient vus d'un œil positif par la communauté musulmane au sens large, qui ne soutient pas le programme radical des islamistes extrémistes. *Un nouveau califat* dramatise le défi que représente le traitement des causes de la violence extrémiste, et pas seulement ses effets manifestes.

• Le Moyen-Orient ne sera certainement pas le seul champ de bataille de cette lutte entre extrémistes et réformateurs. Les Européens et les autres communautés musulmanes, en dehors du Proche-Orient, ont joué un rôle important dans les conflits idéologiques intérieurs. Le degré d'intégration, tant réel que psychologique, des minorités musulmanes au sein des sociétés européennes pèsera d'un certain poids sur leur perception du caractère inévitable ou non du choc des civilisations. L'Asie du Sud-Est est elle aussi devenue le théâtre d'actions terroristes de plus en plus fréquentes.

Le problème de la prolifération des AMD est directement relié aux menaces terroristes. Il en est de même pour la volonté de certains pays d'acquérir des armes nucléaires dès lors que leurs voisins et leurs rivaux dans la région le font déjà. *Le cycle de la peur* illustre bien ces efforts consentis à l'échelle planétaire, visant à ériger des barrières plus efficaces contre la propagation des armes de destruction massive et à dissuader d'autres pays de se procurer des armes nucléaires ou d'autres AMD. En effet, la question de la protection restera le défi central. Certains de nos scénarios le soulignent, la révolution des communications donne aux agents de cette prolifération certains avantages dans les marchés qu'ils concluent entre eux et leur permet d'échapper aux autorités. Pour les pays qui cherchent à s'en doter, l'« assistance » fournie par ces agents de la prolifération peut raccourcir de plusieurs années le délai d'obtention ou de mise au point de ces armes nucléaires.

Comment le monde voit les États-Unis

Au cours des six conférences régionales que nous avons accueillies, nous avons demandé aux participants leur opinion sur le rôle des États-Unis en tant que pilote des évolutions à venir, tant dans leur partie du monde qu'à l'échelle du globe.

Asie

Les participants ont estimé que les préoccupations américaines concernant la guerre contre le terrorisme n'avaient guère de rapport avec les questions de sécurité que se posent les Asiatiques en général. La question clef que les États-Unis doivent se poser, c'est de savoir s'ils peuvent offrir aux États asiatiques une vision convaincante des questions d'ordre et de sécurité à l'échelon régional, en allant peut-être plus loin que ce que propose la Chine.

Le désengagement américain sur les sujets qui comptent aux yeux des alliés asiatiques de l'Amérique pousserait ces derniers à monter en marche dans le train de Pékin. Cela permettrait aussi à la Chine de créer son propre système de sécurité régional, qui exclurait les États-Unis.

Nos intervenants ont aussi considéré que la montée de la Chine n'est pas forcément incompatible avec un ordre international conduit par les États-Unis. La question cruciale consiste à se demander si l'ordre mondial existant possède bien la souplesse requise pour s'adapter à un changement dans la répartition des pouvoirs à l'échelle du globe. Un ordre rigide augmenterait les probabilités d'un conflit entre les puissances émergentes et les États-Unis. Si cet ordre est flexible, un compromis forgé avec les puissances émergentes renforcerait du même coup l'ordre mondial.

Afrique subsaharienne

Les dirigeants d'Afrique subsaharienne craignent de voir les États-Unis et d'autres pays en position avantageuse « relever le pont-levis » et abandonner la région.

Ils ont admis que les États-Unis et les autres pays occidentaux risquent de refuser le « produit exportable » le plus rentable de l'Afrique : les Africains. La nouvelle diaspora africaine est surtout composée d'immigrants économiques, qui supplantent les réfugiés politiques originaires d'autres parties du continent africain.

Selon certains observateurs, les Africains s'inquiètent de ce que les pays occidentaux, au cours des quinze prochaines années, puissent juger que la situation dans certains pays d'Afrique serait « sans espoir », du fait de la situation économique, de problèmes écologiques et des circonstances politiques.

Amérique latine

Les intervenants de notre conférence ont admis que les États-Unis demeuraient l'acteur économique, politique et militaire central du continent américain. En même temps, la tradition veut que Washington soit tenu pour incapable de veiller durablement au destin de cette région : au lieu d'apporter des réponses à des problèmes systémiques, l'Amérique se contente de réagir aux crises de façon primaire. Les participants ont perçu de la part de Washington une tendance qui mènerait à l'isolement et à l'unilatéralisme, et interromprait toute coopération. Tout le monde ou presque partage l'idée que la « guerre contre le terrorisme » menée par l'Amérique présente peu de rapport avec les soucis de sécurité de l'Amérique latine.

Les immigrants d'Amérique latine constituent une force stabilisatrice dans les relations avec les États-Unis. Représentant une bonne part des gisements de main-d'œuvre américaine, ces immigrés reversent chez eux des devises en dollars dont leur pays ont le plus grand besoin, et rapportent de nouvelles conceptions sur la démocratie et l'initiative individuelle, qui auront un impact positif sur la région.

Les politiques américaines peuvent avoir un effet bénéfique. Certains de nos conférenciers ont estimé que la région bénéficierait de l'application par Washington de mécanismes régionaux susceptibles de résoudre les problèmes, en lieu et place de mesures punitives contre des régimes qui n'ont pas l'heur de lui plaire, comme celui de Fidel Castro.

Moyen-Orient

Les participants à la table ronde considèrent que le rôle de la politique étrangère des États-Unis dans la région demeurera crucial. En soi, le soutien que l'Amérique semble apporter à des régimes corrompus en échange d'approvisionnements pétroliers sécurisés a contribué à cimenter une stagnation prolongée. Le désengagement américain est très peu probable, mais il aurait des effets incalculables.

Concernant les perspectives pour la démocratie dans la région, tout le monde pense que l'Occident a trop insisté sur la tenue d'élections libres qui, si elles ont leur importance, ne constituent qu'un élément du processus démocratique. Tous se sont accordés pour estimer que si les États-Unis et l'Europe pouvaient s'engager aux côtés des réformateurs et les encourager au lieu de choisir la voie de la confrontation et de l'autoritarisme, on parviendrait plus vite à une démocratisation véritable.

Certains experts du Moyen-Orient ont insisté sur le fait que Washington avait abouti dans la région à une politique à somme nulle en se concentrant sur les principaux dirigeants arabes sans cultiver des liens avec la nouvelle génération de décideurs, à l'intérieur et à l'extérieur des gouvernements.

Même si le Moyen-Orient a beaucoup à gagner sur le plan économique, chacun admet que les Arabes et les musulmans sont inquiets de certains aspects de cette mondialisation, surtout en raison de l'influence envahissante des valeurs et de la morale occidentales, en particulier dans leur variante américaine. Elles sont en effet perçues comme une menace pesant sur les valeurs culturelles et religieuses traditionnelles de la région.

Europe et Eurasie

Nos observateurs ont eu un débat des plus animés sur la ligne de fracture qui risquerait de se creuser entre les États-Unis et l'Europe d'ici à 2020. Certains prévoient que l'effondrement de la coopération Europe-États-Unis s'inscrirait dans le cadre plus général d'un écroulement du système international. Plusieurs intervenants ont jugé que si les États-Unis déplacent l'épicentre de leur action vers l'Asie, la relation États-Unis-Union européenne risquerait d'aller à son point de rupture.

• Tous sont restés partagés sur la montée de la Chine et sur le rapprochement qu'elle devrait susciter entre l'Europe et l'Amérique.

• Les divergences sont aussi marquées sur l'importance des problèmes économiques, environnementaux et énergétiques au sein du pacte Atlantique.

Dans notre atelier Eurasie, les participants ont tous reconnu que les États-Unis exercent une influence limitée sur la politique intérieure des États d'Asie centrale, même si leurs succès ou échecs en Irak peuvent avoir des effets indirects sur l'Asie centrale. Les pays d'Eurasie occidentale vont continuer, selon eux, de rechercher l'équilibre entre la Russie et l'Occident. À leurs yeux, l'Ukraine devrait à peu près certainement demander son admission à l'OTAN et au sein de l'Union européenne, tandis que la Géorgie et la Moldavie devraient conserver leur orientation.

Sur un plan plus positif, l'un des traits probables de ces quinze prochaines années sera la plus grande accessibilité de la technologie, au-delà même de la société à laquelle appartiennent ses inventeurs. Notre scénario *Le monde selon Davos* l'énonçait clairement : les figures de proue de la haute technologie ne sont pas les seules à pouvoir espérer en tirer des gains. Ce sera aussi le cas des sociétés qui intégreront et appliqueront les nouvelles technologies. Par exemple, notre scénario souligne les effets bénéfiques des nouvelles technologies en Afrique, où elles contribueront à l'éradication de la pauvreté. Comme nous l'avons noté ailleurs dans cet ouvrage, les entreprises mondiales vont jouer un rôle clef dans la propagation de la prospérité et dans l'innovation technologique.

Un paysage profondément modifié représente aussi un immense défi pour le système international autant que pour les États-Unis, qui ont été les garants de la sécurité de l'ordre planétaire issu de la Seconde Guerre mondiale. Les contours du futur, avec le développement de plusieurs tendances diverses – notamment l'émergence des puissances asiatiques, le retranchement de l'Eurasie, un Moyen-Orient en ébullition et des divisions plus marquées dans le partenariat transatlantique –, demeurent incertains et variables.

• Avec l'affaiblissement des liens noués pendant la Guerre froide, des alliances ponctuelles, non traditionnelles, sont appelées à voir le jour. Par exemple, l'intérêt commun pour le multilatéralisme en tant que pierre angulaire des relations internationales est perçu par certains analystes comme le fondement d'une relation naissante entre l'Europe et la Chine.

Comme le suggère le scénario *Pax americana*, le partenariat transatlantique serait un facteur déterminant pour l'aptitude de Washington à conserver sa place de pivot de la politique internationale. On ignore dans quelle mesure l'Europe serait disposée à endosser une part des responsabilités à l'échelon international. Cela dépend de sa propre capacité à surmonter ses problèmes économiques et démographiques, et à se forger une vision stratégique de son rôle dans le monde. À d'autres égards – le PIB, sa situation de carrefour, les gouvernements stables et les budgets militaires communautaires –, elle possède tous les atouts pour peser d'un poids plus important sur la scène internationale.

L'Asie est particulièrement importante en tant que moteur du changement de la période à venir. L'incertitude centrale réside dans la montée en puissance de la Chine et de l'Inde : se passera-t-elle de manière fluide ? Un certain nombre de questions sont en jeu, notamment l'avenir du système du commerce mondial, les avancées de la technologie et la forme ainsi que la portée de la mondialisation. Pour Washington, savoir traiter avec une Asie en plein essor constituera sans doute le défi le plus délicat dans ses relations à l'échelon régional. On peut envisager toute une gamme de possibilités, dont celle du maintien par les États-Unis de l'équilibre régional entre des forces rivales, même si elles sont de plus en plus négligeables. La Corée et Taïwan seront certainement des questions dominantes, et leur gestion sera l'un des facteurs importants dans le façonnage des liens futurs entre États-Unis et Asie, ainsi que pour le rôle de l'Amérique dans la région. La position du Japon dans cette même région est aussi appelée à connaître des transformations, car il est confronté à un autre défi : être plus indépendant au niveau de sa sécurité.

Avec l'essor des géants asiatiques, la supériorité américaine dans les domaines économique et technologique sera plus exposée à l'érosion.

• Alors que les interdépendances vont se renforcer, la hausse de l'investissement de l'Asie dans la recherche de haute technologie, couplée avec une croissance rapide des marchés asiatiques, va renforcer la compétitivité de la région dans toute une gamme d'activités économiques et techniques.

• La dépendance des États-Unis vis-à-vis des approvisionnements étrangers en pétrole les rend aussi plus vulnérables, dans une période où la compétition s'accentue pour sécuriser les voies d'accès, avec une hausse concomitante des risques de perturbation du côté des fournisseurs.

Au Moyen-Orient, les réformes des marchés, une démocratie plus vivante et la progression vers la paix entre Israël et les pays arabes pourraient juguler la tendance à des politiques plus radicales et étayer une meilleure entente au sein de l'alliance transatlantique. Certains de nos scénarios mettent en avant la possibilité que le Moyen-Orient demeure au centre de l'arc d'instabilité, qui s'étend de l'Afrique vers l'Asie centrale et l'Asie du Sud-Est, en prêtant un terrain fertile au terrorisme et à la prolifération des armes de destruction massive.

C'est la matérialisation d'un scénario du type *Un nouveau califat* qui représenterait le plus lourd défi. En effet, il supprimerait les fondements sur lesquels le système international actuel a été bâti. Une telle éventualité souligne la nécessité de trouver les moyens d'attirer et d'intégrer ces sociétés et ces régions, qui se sentent laissées pour compte, ou rejetées hors du processus de la mondialisation. Proposer des opportunités économiques ne suffira sans doute pas à ouvrir les bénéfices de la mondialisation aux exclus. Au contraire, la tendance généralisée à l'identification religieuse et culturelle suggère que d'autres supports identitaires, en dehors de l'État-nation, devront pouvoir trouver leur place sur une planète mondialisée.

L'interdépendance qui résulte de la mondialisation rend encore plus important le maintien de la stabilité dans les régions du monde qui sont aux commandes de l'économie mondiale, et où habitent les deux tiers de la population du globe. Mais il s'agit aussi d'aider les nations pauvres et les États défaillants, disséminés un peu partout à la surface de la terre, qui doivent encore se moderniser et se relier au reste de la communauté mondiale. Deux de nos scénarios – *Pax americana* et *Le monde selon Davos* – insistent sur le rôle que l'on attend des États-Unis en tant que vecteur de sécurité et stabilisateur financier.

L'Eurasie, surtout l'Asie centrale et le Caucase, constituera certainement une zone d'inquiétude croissante, avec son grand nombre d'États en faillite potentielle, leur radicalisme, sous la forme d'un islamisme extrémiste, et leur importance de fournisseur ou de courroie de transmission des approvisionnements énergétiques de l'Ouest et de l'Est. Les trajectoires des nations eurasiennes seront affectées par les puissances extérieures, comme la Russie, l'Europe, la Chine, l'Inde et les États-Unis, qui seront peut-être aptes à tenir un rôle stabilisateur. La Russie sera sans doute particulièrement active pour tenter d'empêcher tout débordement, malgré ses propres problèmes internes. Plus loin vers l'ouest, l'Ukraine, la Biélorussie et la Moldavie, États récents, pourraient compenser leur vulnérabilité relative par à une association plus étroite avec l'Europe et les États-Unis.

Certaines zones de l'Afrique partagent un profil similaire à celui des États affaiblis d'Eurasie et resteront partie intégrante d'un arc d'instabilité étendu. Comme le suggère l'hypothèse du *Monde selon Davos*, la mondialisation qui pousse les prix des matières premières à la hausse et raffermit la croissance de l'économie pourrait se révéler un don du ciel là où des principes de bon gouvernement sont en vigueur. C'est surtout l'Afrique du Nord qui pourrait bénéficier de liens plus étroits avec l'Europe.

L'Amérique latine va probablement devenir plus diverse. D'une part, les pays qui sauront exploiter les opportunités de la mondialisation vont prospérer. En revanche, d'autres, comme les nations andines, risquent de rester à la traîne. Ce sont deux atouts souvent décisifs (un bon gouvernement et de bonnes équipes dirigeantes) qui permettront de distinguer les sociétés susceptibles de prospérer de celles qui resteront mal outillées pour s'adapter. Ces deux régions auront sans doute leurs *success stories* – avec des pays comme le Brésil et l'Afrique du Sud –, capables de fournir aux autres un modèle à suivre. Les États-Unis occupent pour leur part une position unique, de nature à faciliter la croissance et l'intégration de l'Amérique latine pour limiter ses risques de fragmentation.

Dans la même veine, le nombre des conflits interétatiques ou internes a reflué, mais leur caractère meurtrier et le risque de débordement sont une tendance que nous avons relevée.

• Si aucun pays ne semble en position de rivaliser avec la puissance militaire des États-Unis d'ici à 2020, ils seront plus nombreux à contester la place de l'Amérique dans leurs aires régionales respectives. La possession d'armes chimiques, biologiques et/ou nucléaires par davantage de pays dans quinze ans augmentera aussi le coût éventuel de toute action militaire des États-Unis et de leurs partenaires au sein d'une coalition.

• La plupart des adversaires des États-Unis, qu'il s'agisse d'États ou d'acteurs non étatiques, vont reconnaître la supériorité militaire de Washington. Au lieu d'admettre la supériorité américaine, ils vont essayer de contourner ou de minimiser ses forces et d'exploiter ses faiblesses perceptibles, en recourant à des stratégies asymétriques du faible au fort, notamment le terrorisme et l'acquisition d'armes de destruction massive par des voies illégales, comme l'illustre *Le cycle de la peur*.

Notre récit *Pax americana* met cette évolution en scène : on en appellera sûrement toujours aux États-Unis pour gérer des conflits comme ceux de la Palestine, de la Corée du Nord, de Taïwan ou du Cachemire, pour s'assurer qu'ils ne perdent pas totalement la main, dans le cas où un accord de paix serait impossible à établir. Toutefois, les scénarios et les tendances que nous analysons ici suggèrent que le défi sera plutôt de savoir exploiter le pouvoir des nouveaux protagonistes du jeu, afin qu'ils contribuent à leur tour à la sécurité du monde, soulageant ainsi les États-Unis d'une part du fardeau. Une telle mutation pourrait ouvrir une nouvelle phase de la politique internationale.

• Les dépenses militaires et les programmes d'investissements en hausse de la Chine et, dans une moindre mesure, de l'Inde laissent prévoir que ces deux nations seront à même d'endosser une large part de ces missions de sécurité.

• Les institutions internationales et régionales auraient aussi besoin d'être réformées pour répondre aux défis et prendre leur part de ces tâches.

Parvenir à adapter l'ordre international représentera aussi un plus grand défi en raison du nombre sans cesse plus important des questions d'éthique, qui ont tout le potentiel pour diviser les opinions dans le monde. Ces questions touchent à l'environnement et au changement climatique, au clonage et à la recherche sur les cellules souches, aux intrusions potentielles des biotechnologies et des technologies de l'information dans la vie privée, aux droits de l'homme, au droit international des conflits et au rôle des institutions multilatérales.

Beaucoup de problèmes éthiques, qui vont devenir plus marquants, chevauchent les alliances ou les regroupements traditionnels, qui ont été conçus avant tout pour régler les problèmes de sécurité. De tels intérêts divergents montrent quel défi ce sera pour la communauté internationale, y compris les États-Unis, pour manier des coalitions multiples et concurrentes, afin de parvenir à résoudre certaines questions.

• Quel que soit son impact éventuel ou son succès, le protocole de Kyoto sur le changement climatique présente un exemple de la manière dont des problématiques politiques non traditionnelles peuvent venir au premier plan et former le noyau de réseaux ou de partenariats naissants.

• L'explosion médiatique est à double tranchant : d'une part, elle rend le consensus plus difficile, car les médias tendent à amplifier les différences ; d'autre part, les médias peuvent aussi faciliter la discussion et la réalisation du consensus.

Les États-Unis vont devoir reconquérir l'opinion mondiale, qui a connu un glissement spectaculaire depuis la fin de la Guerre froide. Même si l'antiaméricanisme actuel[1] est susceptible de faiblir à mesure que la mondialisation revêtira un aspect moins occidental, les dirigeants de la jeune génération – à l'inverse de ceux issus de l'après Seconde Guerre mondiale – ne conservent aucun souvenir personnel des États-Unis comme « libérateurs ». C'est pourquoi ces jeunes dirigeants seront plus enclins que leurs prédécesseurs et aînés à marquer leurs divergences par rapport aux prises de position de Washington.

Enfin, comme le suggère le scénario *Pax americana*, les États-Unis risquent d'être de plus en plus confrontés au défi de leurs relations avec l'Europe, l'Asie, le Moyen-Orient et d'autres, en l'absence d'une seule et

---

1. L'enquête Pew Research sur les comportements dans le monde a révélé un antiaméricanisme en forte hausse dans la société musulmane, mais elle montre aussi que les pays musulmans accordent une grande importance à des valeurs démocratiques comme la liberté d'expression, la liberté de la presse, le système politique des partis et le traitement égal devant la loi. De vastes majorités, dans presque tous les pays musulmans, sont favorables aux systèmes d'économie de marché et croient que la démocratie à l'occidentale peut fonctionner dans leur pays.

unique menace dominante à partir de laquelle ils pourront bâtir un consensus. Malgré tous les défis qui les attendent, les États-Unis vont néanmoins conserver d'énormes avantages, en jouant un rôle pivot sur tout le spectre – en matière économique, technologique, politique et militaire –, rôle qu'aucun autre État ne pourra ou ne voudra égaler d'ici à 2020. Alors même que l'ordre actuel est menacé, les États-Unis auront de nombreuses occasions pour en façonner un nouveau.

TABLE

TABLEAUX ET GRAPHIQUES

Composé par Nord Compo
à Villeneuve-d'Ascq

ACHEVÉ D'IMPRIMER
SUR BOOKOMATIC
PAR MAURY EUROLIVRES
45300 MANCHECOURT

Imprimé en France

Dépôt légal : septembre 2005
N° d'édition : 46633/03 - N° d'impression : 117292
Imprimé en France